INTRODUCCIÓN A LAS FINANZAS

INTRODUCCIÓN A LAS FINANZAS

Ana Rosa Fonseca Díaz
Rubén Arrondo García
Agustín Albuerne Gutierrez

Departamento de Administración de Empresas

2025

Ediciones de la Universidad de Oviedo
ISNI:0000 0004 8513 7929
Servicio de Publicaciones de la Universidad de Oviedo
Campus de Humanidades. Edificio de Servicios. 33011 Oviedo (Asturias)
Tel. 985 10 95 03
http: www.publicaciones.uniovi.es
servipub@uniovi.es

Esta obra ha sido avalada por el Departamento de Administración de Empresas de acuerdo con lo establecido en el artículo 8f, del Reglamento del Servicio de Publicaciones de la Universidad de Oviedo.

Esta editorial es miembro de la UNE, lo que garantiza la difusión y comercialización de sus publicaciones a nivel nacional e internacional.

I.S.B.N.: 979-13-87540-22-7
DL AS 918-2025

Imprime: Servicio de Publicaciones. Universidad de Oviedo

ÍNDICE

1. La economía financiera y las finanzas empresariales

CAPÍTULO 1. LA ECONOMÍA FINANCIERA Y LAS FINANZAS EMPRESARIALES

OBJETIVOS DEL CAPÍTULO

El objetivo de este tema es presentar el problema general de elección al que se enfrentan los individuos y las empresas al tomar las decisiones de consumo e inversión, analizando el papel que los mercados financieros juegan en dicha elección.

Al finalizar el tema el alumno entenderá:

- Cómo tiene lugar el proceso de asignación temporal de los recursos financieros.
- La importancia de las finanzas en la economía, comprendiendo cómo los mercados financieros pueden hacer variar las oportunidades de inversión y consumo de los individuos y las empresas.
- Cuál es el objetivo financiero y cuáles son las principales decisiones financieras adoptadas por las empresas.
- Cuáles son los principales conflictos de intereses existentes entre los distintos participantes en la empresa y su impacto sobre el objetivo financiero.
- El papel del director financiero como profesional de la gestión empresarial.

1.1. La Economía Financiera.

La economía financiera estudia el comportamiento de los agentes económicos en la asignación intertemporal de sus recursos en un entorno incierto, así como el papel de las organizaciones económicas, las administraciones públicas y los mercados e instituciones financieras para facilitar dichas asignaciones. Así, la economía financiera analiza los fenómenos financieros bajo el supuesto de comportamiento racional de los distintos agentes económicos a la hora de asignar sus recursos en el tiempo, tratando de buscar el equilibrio entre consumo actual y consumo futuro, de forma que puedan maximizar su utilidad. La participación de los distintos agentes presentes en estos fenómenos será:

- Los inversores, ya sean estos individuos, empresas u organizaciones públicas o privadas, se pueden dirigir a los mercados financieros como oferentes de fondos, lo cual supone que canalizan su ahorro hacia actividades productivas. Los inversores utilizan los intermediarios y mercados financieros como instrumentos para llegar a los agentes económicos que necesitan recursos para hacer sus inversiones, prestando sus recursos a cambio de una retribución o rendimiento.
- Las empresas, organizaciones y administraciones públicas se dirigen a los mercados financieros como demandantes de fondos, es decir, buscan financiar sus actividades de inversión. Estos agentes demandantes de fondos utilizan los intermediarios y mercados financieros como instrumento para obtener los recursos financieros o liquidez necesaria que emplear en los mercados de bienes y servicios a través de sus inversiones productivas. Estas inversiones productivas permitirán obtener unos recursos que favorezcan la devolución de los fondos obtenidos, así como retribuir la remuneración exigida por los aportantes de fondos.
- Los mercados e intermediarios financieros tienen como función principal la intermediación o puesta en contacto entre los agentes económicos, facilitando que aquellos con excedente de recursos financieros puedan transferir dicho excedente hacia los agentes con necesidades o déficit de recursos. Además de poner en contacto a los distintos agentes económicos, la existencia de mercados e intermediarios financieros permite reducir costes y plazos en las operaciones financieras, fijar los precios de los productos o activos financieros y proporcionar liquidez a los mismos.

La figura 1.1. muestra cómo se produce el trasvase de fondos desde los agentes económicos con superávit o excedente de fondos hacia los agentes económicos con déficit de fondos o necesidades de fondos. El flujo de fondos parte de los ahorradores o agentes económicos con excedente de fondos que acuden a los mercados e intermediarios financieros como oferentes de fondos (1). A los mercados financieros acuden también los demandantes de fondos, es decir, los agentes económicos con déficit de recursos financieros, intercambiando activos financieros que emiten por los recursos financieros de los oferentes de fondos (2). Tras este paso, los ahorradores son los poseedores de los activos financieros que han emitido los agentes económicos con déficit. Los fondos obtenidos son invertidos en los mercados de bienes y servicios (3), generando estas inversiones recursos financieros (4) que permiten la devolución de los recursos aportados inicialmente por los ahorradores, así como la retribución de la rentabilidad exigida por estos a cambio de sus recursos (5 y 6).

Figura 1.1. Flujos de fondos entre los agentes económicos.

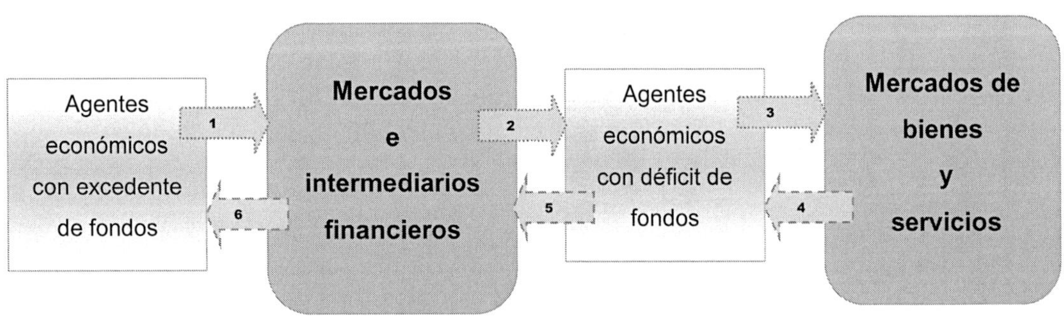

La economía financiera de la empresa, como parte de la economía financiera, tiene por objeto el estudio de las decisiones financieras dentro de la empresa. Así, en este manual vamos a analizar las decisiones referidas a la planificación, captación y administración de los fondos utilizados por la empresa.

1.2. La asignación temporal de los recursos financieros.

Todas las decisiones han de ser tomadas teniendo en cuenta un cierto objetivo, y cuando se evalúa su cumplimiento se debe tener en cuenta si esas decisiones han logrado contribuir a obtener el objetivo previamente fijado. Exactamente lo mismo ocurre con las decisiones financieras. Por tanto, para analizar las decisiones tomadas por la empresa en el ámbito financiero es necesario tener en cuenta un determinado objetivo que se pretende obtener.

La decisión de inversión en la empresa se plantea dentro del contexto de la teoría general de la decisión. La empresa se enfrenta a un problema de asignación temporal de los recursos disponibles entre consumo actual y consumo futuro, donde la decisión de renunciar a consumo actual equivale a la decisión de inversión.

Massé (1963)[1] definió el acto de invertir como *"el cambio de una satisfacción mediata y cierta a la que se renuncia contra una esperanza que se adquiere y de la cual el bien invertido es el soporte"*. De esta definición se deduce que el acto de invertir está configurado por un sujeto (en nuestro caso empresa), un objeto (activo real o financiero) y una renuncia a una satisfacción en el presente por una recompensa en el futuro (rendimiento requerido).

La decisión de inversión afecta a todos los agentes económicos:

- Una persona física o jurídica que ahorra es porque espera un mayor consumo futuro.
- Los directivos de la empresa, que toman decisiones en nombre de los propietarios de la empresa, deben decidir, por ejemplo, entre pagar dividendos que podrían ser utilizados como consumo actual, o bien retener beneficios para invertir en oportunidades productivas que permitan mayores dividendos futuros y, por tanto, mayor consumo futuro.

En términos generales la decisión de inversión supone dar respuesta a la siguiente pregunta: **¿Qué proporción de la renta debe destinarse a consumo e inversión de modo que se maximice la utilidad o satisfacción esperada?**

La respuesta a dicha pregunta exige conocer información sobre:

- **Relación de equilibrio entre consumo actual y consumo futuro del decisor**. Es decir, preferencias individuales de cada agente entre consumo e inversión (consumo actual-consumo futuro)
- **Las posibilidades de inversión rentables,** es decir, de transformar ahorro actual en mayor riqueza futura. Debe conocerse la **tasa de intercambio** que permite transferir recursos en el tiempo, esta tasa es una parte fundamental de las decisiones de consumo e inversión y se puede entender como el precio de diferir el consumo, es decir, un tipo de interés o tasa de rendimiento requerido por la inversión.

---

[1] Massé, P. (1963): La elección de las inversiones. Edit. Sagitario.

La asignación de recursos en el tiempo se plantea a partir de la teoría general de elección. En cualquier período de tiempo el inversor tiene un flujo de renta (Y) que intenta repartir entre consumo actual (C_0) y consumo futuro (C_1) de forma que maximice su utilidad. Analizamos la asignación de recursos en el tiempo considerando dos **hipótesis básicas**:

- Los inversores son racionales: la utilidad de los inversores depende de su nivel de consumo en el tiempo y éstos desean maximizar su utilidad.

  $U = f(C_0, C_1, C_2, C_{3,...})$.

- Los mercados de capitales son perfectos, es decir, tienen las siguientes características: todos los agentes tienen idéntica información completa (sin coste), son precio aceptantes (ningún participante tiene una posición que le permita ejercer un efecto significativo sobre el precio), no existen costes de transacción asociados a la emisión y negociación de los activos financieros (el acceso a los mercados de capitales no tiene coste) y existe libre negociación de títulos.

La determinación del equilibrio para todo inversor requiere analizar tanto el conjunto de oportunidades disponibles como el mapa de preferencia temporal del inversor.

Las preferencias del inversor (en certeza) aparecen reflejadas en las curvas de indiferencia[2].

Hipótesis (consideramos dos periodos):

1. Función de utilidad del inversor: $U = f(C_0, C_1)$.
2. Racionalidad de los inversores: (utilidad marginal del consumo positiva en cada periodo de tiempo).

   $$\frac{\partial U}{\partial C_0} > 0 \quad \frac{\partial U}{\partial C_1} > 0$$

3. Flujo de renta Y en cada momento de tiempo que distribuye entre consumo e inversión:

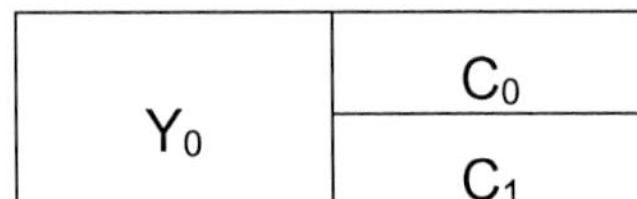

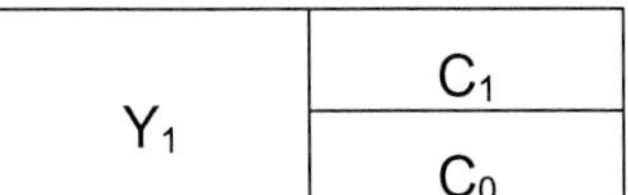

4. Ordenación de preferencias (C_0, C_1): mapa de curvas de indiferencia.

   El gráfico 1.1. muestra el mapa de curvas de indiferencia de un inversor racional.

Estas curvas muestran todas las combinaciones de consumo presente y consumo futuro que le otorgan al decisor el mismo nivel de satisfacción o utilidad. Es decir, cualquier punto de

[2] El mapa de indiferencia refleja la preferencia temporal del inversor en certeza y su construcción se basa en: (1) jerarquía de preferencias (el inversor es capaz de jerarquizar sus preferencias cuando se enfrenta con varias cestas de activos); (2) transitividad (si la cesta 1 es preferida a la cesta 2 y ésta a su vez lo es a la cesta 3, entonces la cesta 1 se prefiere frente a la cesta 3; (3) utilidad positiva de los bienes (el individuo prefiere un conjunto a otro si el primero tiene algún activo más y no menos que los otros); (4) convexidad (las curvas son convexas frente al origen). De acuerdo con estas hipótesis, las curvas de indiferencia: tienen pendiente negativa, no se cortan e indican mayor satisfacción cuanto más alejadas del origen.

una misma curva de indiferencia muestra la combinación de consumo presente y consumo futuro percibida como igualmente deseable, por lo que en la misma curva el decisor es indiferente ante las distintas combinaciones posibles.

Gráfico 1.1. Mapa de curvas de indiferencia del inversor.

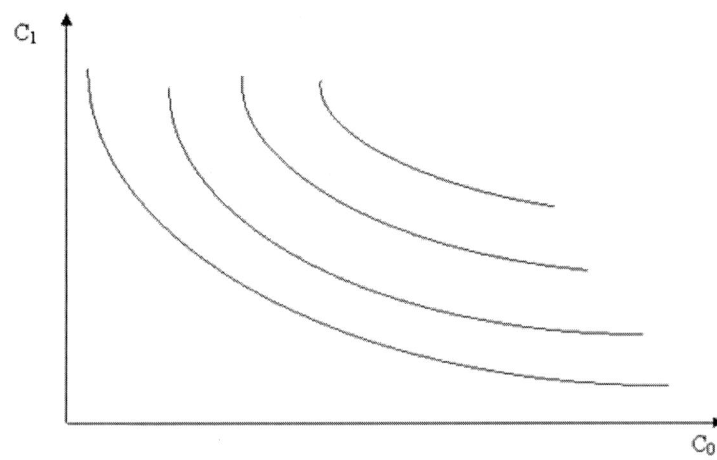

Estas curvas tienen pendiente negativa, así observamos en estas curvas como el inversor está dispuesto a renunciar a cierto consumo actual para obtener un mayor consumo futuro. **Cuanto mayor es la pendiente de las curvas de indiferencia del inversor, mayor es su preferencia por el consumo actual.**

Propiedades de las curvas de indiferencia:

- Transitividad ("las curvas no se cortan"): Si la cesta a es preferida a la cesta b, y ésta a su vez lo es a la c, entonces la cesta a es preferida a la cesta c.

  Si U(a) > U(b) $\Rightarrow$ U(a) > U(c)
  Si U(b) > U(c)

- Pendiente negativa: Bienes normales con utilidad marginal positiva.
  $\frac{\partial U}{\partial C_0} > 0 \quad \frac{\partial U}{\partial C_1} > 0$

- Consumo, pero a una tasa decreciente.
  $\frac{\partial^2 U}{\partial {C_0}^2} < 0 \quad \frac{\partial^2 U}{\partial {C_1}^2} < 0$

Gráfico 1.2. Curva de indiferencia: utilidad marginal de positiva a tasas decrecientes.

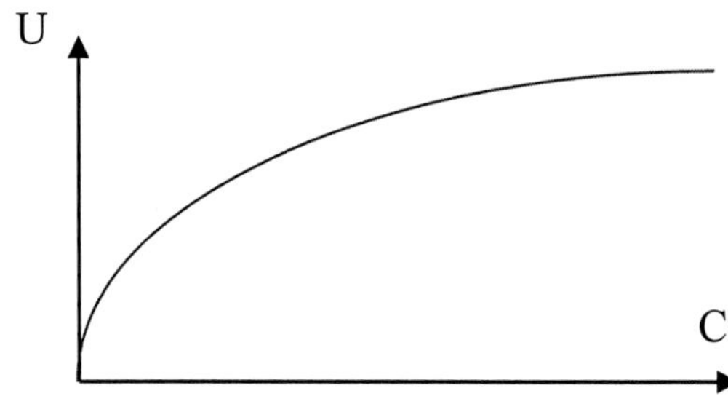

Como se observa en la figura, incrementos iguales en el consumo (eje horizontal) originan incrementos en la utilidad total, dado que la utilidad marginal es positiva, pero el incremento en la utilidad es cada vez más pequeño puesto que la utilidad marginal es decreciente.

$\frac{\partial C_1}{\partial C_0}$	Tasa marginal de sustitución entre consumo actual y futuro que mantiene la utilidad constante: la pendiente de las curvas de indiferencia expresa la relación de intercambio entre consumo actual y futuro que reporta al agente la misma utilidad (aproximación lineal).

El estudio de las alternativas de distribución de los recursos del inversor entre los distintos periodos (presente y futuro) implica considerar no sólo las alternativas de consumo actual y consumo futuro, sino también las oportunidades productivas de la empresa (y del inversor si este coloca sus recursos en la empresa ya sea como accionista o como acreedor). La inversión productiva permite ampliar la capacidad de consumo al aumentar el potencial de riqueza disponible. Es decir, debemos considerar en el análisis la posible existencia de oportunidades productivas que puedan permitir a una unidad actual de ahorro/inversión convertirse en más de una unidad de consumo futuro.

Al respecto planteamos tres situaciones posibles:

1) No existen oportunidades de inversión real ni financiera.
2) Existen oportunidades de inversión real.
3) Existen oportunidades de inversión financiera (existen los mercados financieros).

1.2.1. No existen oportunidades de inversión real ni financiera.

El individuo dispone de un nivel de renta distribuido entre los dos periodos: Y_0 y Y_1 y debe decidir cómo repartir ese nivel de renta entre consumo presente y consumo futuro. Como no existen oportunidades de inversión ni real ni financiera la renta en el momento actual (Y_0) puede ser consumida en el futuro, pero la renta futura no puede trasladarse al momento actual (no es posible el endeudamiento porque no existen mercados financieros).

Decisión:

Nivel de consumo en t=0: C_0

Nivel de consumo en t=1: $C_1 = Y_1 + (Y_0 - C_0)$

El **equilibrio** se producirá en aquel punto en el que la combinación de renta presente y futura coincida con la preferencia del individuo reflejada en sus curvas de indiferencia. Es decir, el punto de tangencia de la curva de indiferencia del inversor más alejada del origen con la frontera de oportunidades mostrará la asignación óptima de recursos entre consumo actual y consumo futuro.

Gráfico 1.3. Decisión de inversión sin oportunidades de inversión real ni financiera.

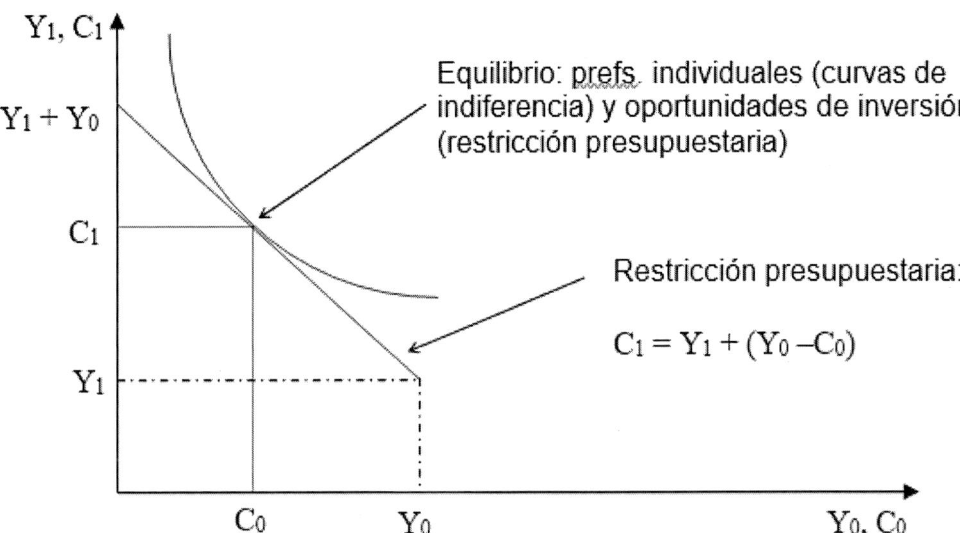

1.2.2. Existen oportunidades de inversión real.

Supuestos: existen oportunidades de inversión productiva, sujetas a rendimientos marginales decrecientes y existe divisibilidad de la inversión.

Cada individuo se enfrenta a un conjunto de oportunidades de inversión que pueden ser jerarquizadas en función del rendimiento de cada una de ellas. Ello implica unos rendimientos marginales decrecientes, puesto que el individuo irá dando preferencia a aquellas inversiones más rentables y cuanto mayor es la magnitud de las inversiones realizada más bajo es el rendimiento marginal. A partir de los recursos disponibles y suponiendo la hipótesis neoclásica de rendimientos marginales decrecientes derivados de la inversión en activos de capital, entonces la frontera de oportunidades de la empresa (o el individuo) es una curva cóncava respecto al origen. El inversor sólo realizará una inversión si su tasa de rendimiento es superior a la tasa marginal de sustitución o preferencia intertemporal de consumo.

Inicialmente la empresa (o el inversor individual) tiene una determinada cantidad de recursos productivos con los que puede realizar varias alternativas:

1) Consumir esos recursos en el momento actual lo cual implicaría liquidar los activos de la empresa.
2) Invertir los recursos y recibir unos determinados flujos en el período siguiente.
3) Liquidar parcialmente e invertir parcialmente para recibir flujos en el segundo momento.

Decisión:

- Invierto en una inversión real
- No invierto: ¿consumo toda la renta en t=0 o reservo parte de mi renta para consumo en t=1?

Nivel de consumo en t=0: C_0

Nivel de consumo en t=1 si no invierto en proyecto real: $C_1 = Y_1 + (Y_0 - C_0)$

Nivel de consumo en t=1 si invierto en proyecto real: $C_1 = Y_1 + f\,(Y_0 - C_0)$

Gráfico 1.4. Decisión de inversión con oportunidades de inversión real.

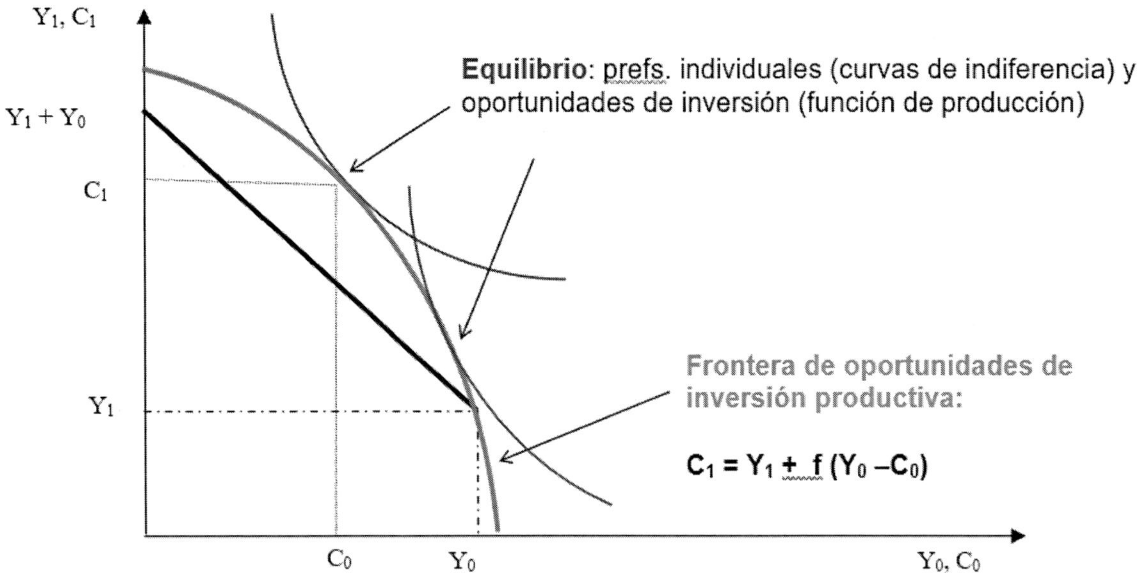

La pendiente de la frontera de oportunidades de inversión productiva indica la tasa a la cual una unidad de inversión actual se transforma en una unidad de renta y consumo futuro (rendimiento de la inversión). El equilibrio entre curvas de indiferencia (tasa marginal de sustitución entre consumo actual y consumo futuro) y la frontera de inversión real determina los niveles de inversión y consumo óptimos.

El punto de tangencia de la frontera de posibilidades de inversión y la curva de indiferencia mostrará la asignación de recursos entre consumo actual y futuro en la cual la empresa maximiza su utilidad.

Si no existen mercados de capitales, es decir, no hay oportunidad de intercambio, el individuo o empresa tomará decisiones partiendo de una situación inicial de recursos Y_0, Y_1 y comparará la tasa de rendimiento marginal de una unidad monetaria de inversión productiva (o desinversión) con su tasa temporal de sustitución o preferencia entre consumo e inversión. Si el rendimiento de la inversión es superior mejorará su utilidad realizando la inversión, el proceso continuará hasta que iguale rendimiento de la inversión y tasa de preferencia temporal. Individuos con idénticos recursos y el mismo conjunto de oportunidades pueden elegir inversiones diferentes porque tienen distintas curvas de indiferencia.

1.2.3. Existen oportunidades de inversión financiera.

Supuestos: existen mercados financieros perfectos en los que el inversor puede prestar y endeudarse al mismo tipo de interés "i". Dichos mercados amplían el conjunto de oportunidades de inversión.

El mercado financiero permite realizar intercambios de fondos entre unos períodos y otros indicando el coeficiente de actualización o descuento la equivalencia entre un flujo de fondos que se obtendrá en un momento futuro y un flujo que pertenece al momento actual, tanto si se trata de entradas como de salidas de fondos (tipo de interés constante, dado que no existe riesgo, se considera el futuro cierto).

La existencia de mercados de capitales permite ampliar las oportunidades de inversión y consumo mediante la actuación en ellos ya sea prestando fondos (comprando títulos al tipo i) o bien endeudándose (vendiendo títulos al tipo i), en este caso el conjunto de oportunidades del inversor se transforma de acuerdo con la siguiente figura.

Gráfico 1.5. Frontera de oportunidades de inversión financiera.

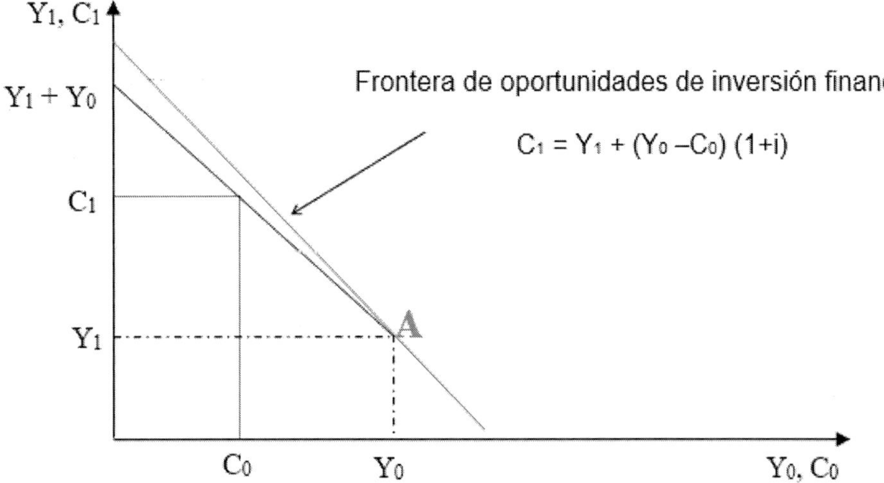

Observamos que la existencia del mercado financiero permite al inversor ampliar su riqueza inicial en una determinada cantidad a una tasa i que representa el tipo de interés del mercado.

- En el punto A el individuo consume los recursos disponibles en cada momento.
- A la izquierda de A consume menos de los recursos disponibles y, por tanto, presta recursos a la tasa i.

- A la derecha de A consume más de los recursos disponibles puesto que pide prestado a la tasa i.

La empresa con unos recursos Y_0, Y_1 podrá moverse a lo largo de la línea de oportunidades de inversión en el mercado de capitales hasta el punto en el que la tasa de preferencia subjetiva iguala al tipo de interés del mercado. En este punto A la tasa de preferencia subjetiva, representada por la pendiente de la tangente a la curva de indiferencia es menor que la tasa de rendimiento del mercado y, por lo tanto, deseamos prestar porque el mercado ofrece un rendimiento más alto que el que subjetivamente requieren los inversores. Supuesto el tipo de interés constante, moverse a lo largo de la línea no varía la riqueza de la empresa, pero si su utilidad.

Para maximizar su utilidad desde una posición inicial Y_0, Y_1 el decirsor podrá moverse a lo largo de la frontera de oportunidades de inversión productiva o a lo largo de la línea del mercado de capitales.

Gráfico 1.6. Decisión de inversión con oportunidades de inversión real y financiera.

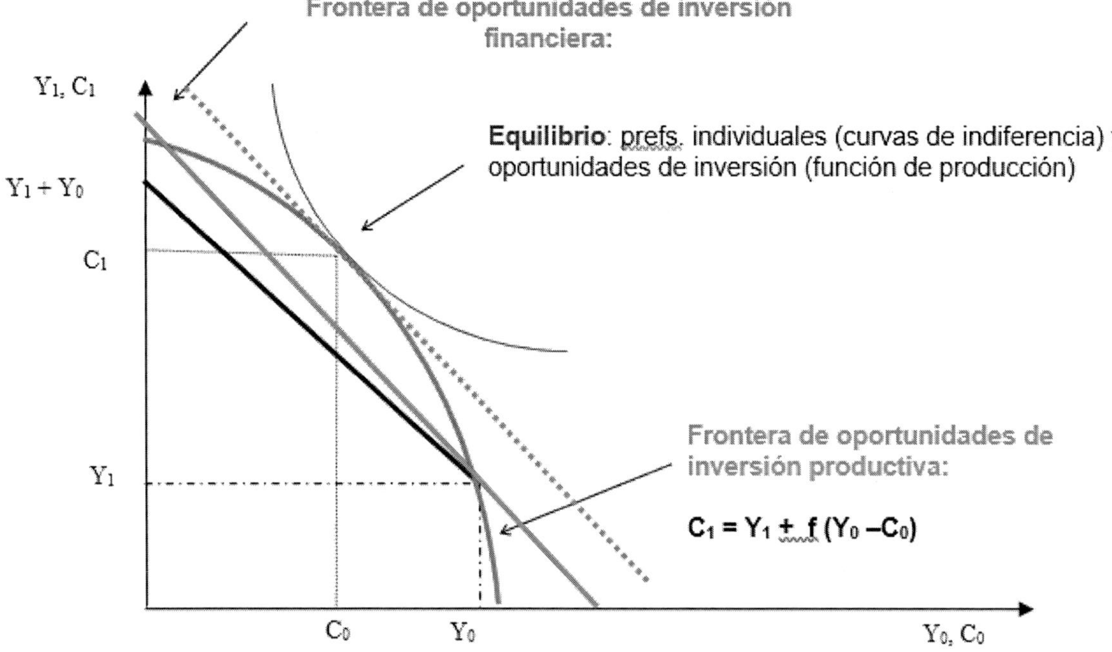

El proceso de decisión cuando existen oportunidades de inversión productiva y mercados de capitales tiene lugar en dos etapas:

1º Determinación del nivel óptimo de inversión: el nivel óptimo de inversión se alcanza cuando la rentabilidad marginal de las inversiones productivas es igual a la rentabilidad de las inversiones en mercados financieros. Ello conduce a la utilización de criterios para la selección de proyectos de inversión en la empresa que tienen en cuenta el valor actual (VAN), en función de la tasa de descuento intertemporal o tasa de intercambio entre recursos actuales y futuros así como de los movimientos de tesorería provocados por el proyecto (entradas y salidas de recursos financieros).

2º Nivel de consumo óptimo: equilibrio entre la frontera de oportunidades de inversión real y financiera y la curva de indiferencia más alejada del origen.

Si no consideramos las preferencias de los individuos, dado que en el seno de la empresa existen distintos participantes con distintas funciones de utilidad[3], la situación de equilibrio entre consumo e inversión vendrá dada por el punto de tangencia entre la frontera que refleja el valor actual de los recursos y la frontera de oportunidades productivas. Así, el nivel óptimo de inversión vendrá dado por el equilibrio entre el rendimiento marginal de la inversión y el coste de los capitales necesarios para realizarla. Dado que la actividad empresarial se desarrolla en un entorno de incertidumbre, se ve sometida a una serie de riesgos, motivados éstos por la falta de certeza sobre el futuro. Esta incertidumbre y riesgo conlleva la toma de decisiones, que pueden o no ser acertadas, por lo que también existe riesgo en las propias decisiones y riesgo en sus consecuencias.

EJERCICIO 1.1. La decisión de inversión

Un individuo espera recibir una renta de 600 € en el momento actual y 800 dentro de un año. Analizar sus posibilidades de consumo e inversión en los siguientes escenarios independientes:

1. El tipo de interés del mercado es del 10%.
2. El tipo de interés del mercado es del 20%.
3. Se puede invertir en un negocio 500 € en el momento actual obteniendo 530 € dentro de un año.
4. Se puede invertir en un negocio 500 € en el momento actual obteniendo 600 € dentro de un año.

[3] La existencia de estos distintos participantes con distintas funciones de utilidad lleva a la existencia de conflictos de interés que generan diferentes problemas en la empresa con repercusiones en las políticas financieras, cuya resolución pasa por la fijación de un criterio objetivo como es la maximización del valor de la empresa.

EJERCICIO 1.1. La decisión de inversión
SOLUCIÓN apartado 1

Y_0= 600 € Y_1= 800 €
i=10%
Consumo máximo en t=1:

$$C_1 = Y_1 + (Y_0 - C_0)(1+i) \quad C_1 = 800 + (600 - 0)(1 + 0{,}1) = 1.460\ €$$

Consumo máximo en t=0:

$$C_0 = Y_0 + \frac{(Y_1 - C_1)}{(1+i)} \quad C_0 = 600 + \frac{(800-0)}{(1+0{,}1)} = 1.327\ €$$

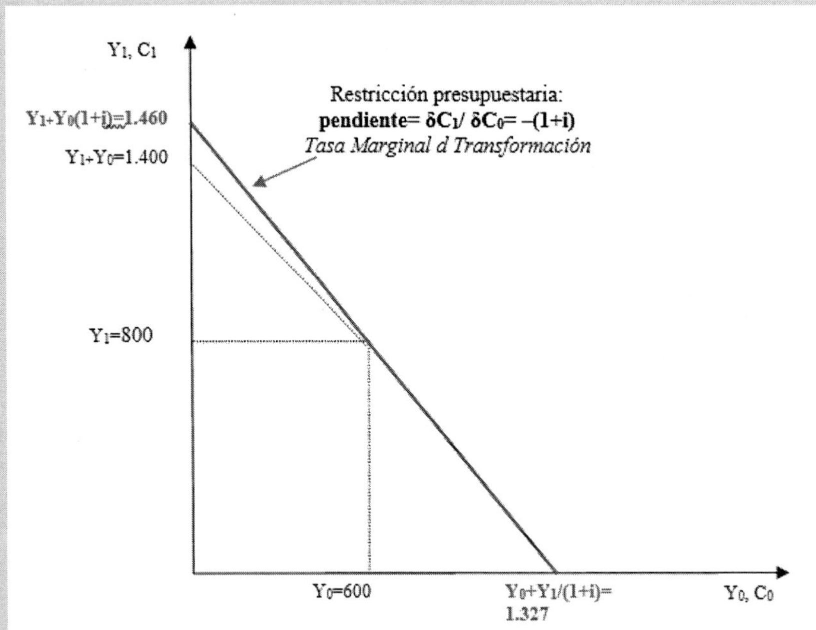

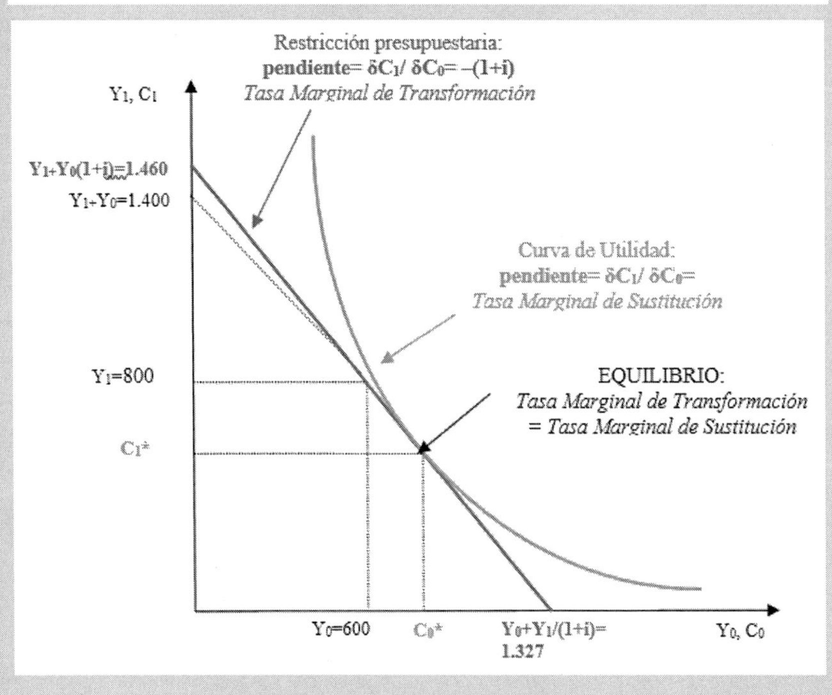

EJERCICIO 1.1. La decisión de inversión

SOLUCIÓN apartado 2

Y_0= 600 € Y_1= 800 €

i=20%

Consumo máximo en t=1:

$$C_1 = Y_1 + (Y_0 - C_0)(1 + i) \quad C_1 = 800 + (600 - 0)(1 + 0{,}2) = 1.520\ €$$

Consumo máximo en t=0:

$$C_0 = Y_0 + \frac{(Y_1 - C_1)}{(1+i)} \quad C_0 = 600 + \frac{(800-0)}{(1+0.2)} = 1.267\ €$$

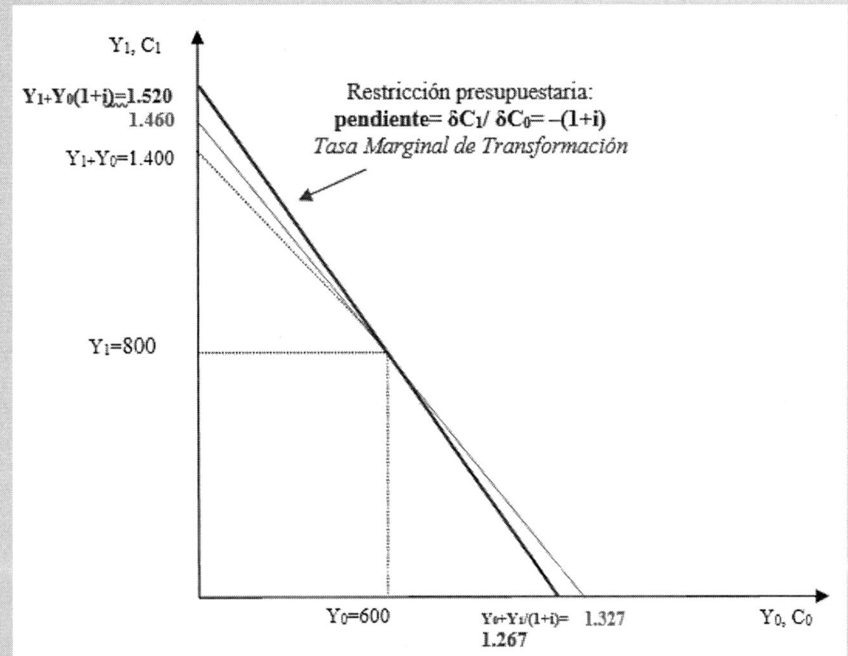

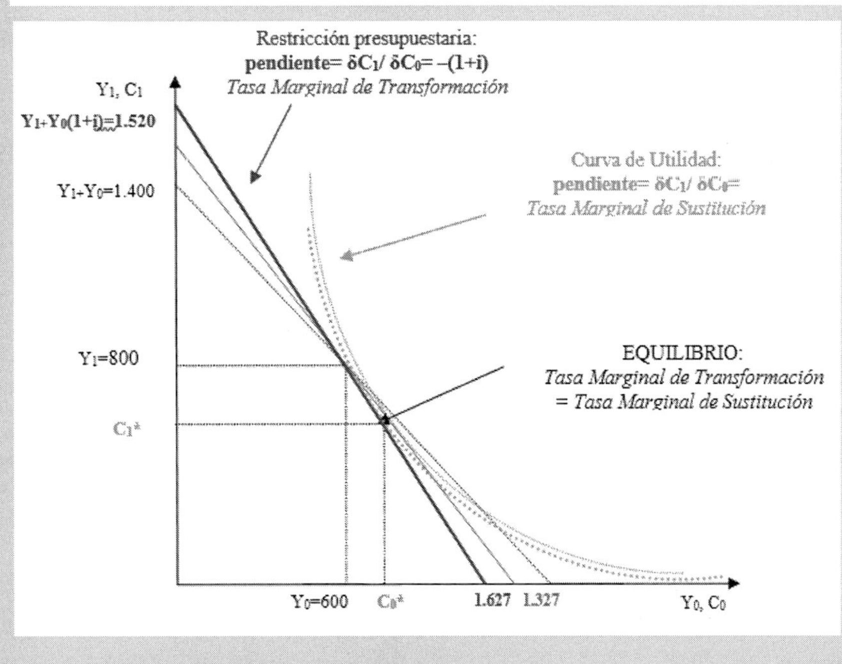

EJERCICIO 1.1. La decisión de inversión
SOLUCIÓN apartado 3

Y_0= 600 € Y_1= 800 €
i=10%
Rentabilidad de la inversión productiva:

$$\text{Relación Marginal de Transformación (real)} = \frac{\Delta \text{Output}}{\Delta \text{Inversión}}$$

Por cada euro que el inversor asigne al proyecto de inversión real, obtendrá al final del periodo un incremento en su riqueza futura equivalente a 1,06 euros. Este resultado es inferior al que obtendría si asigna sus recursos en los mercados financieros con una tasa marginal de transformación equivalente a: –(1+i)=–1,1.

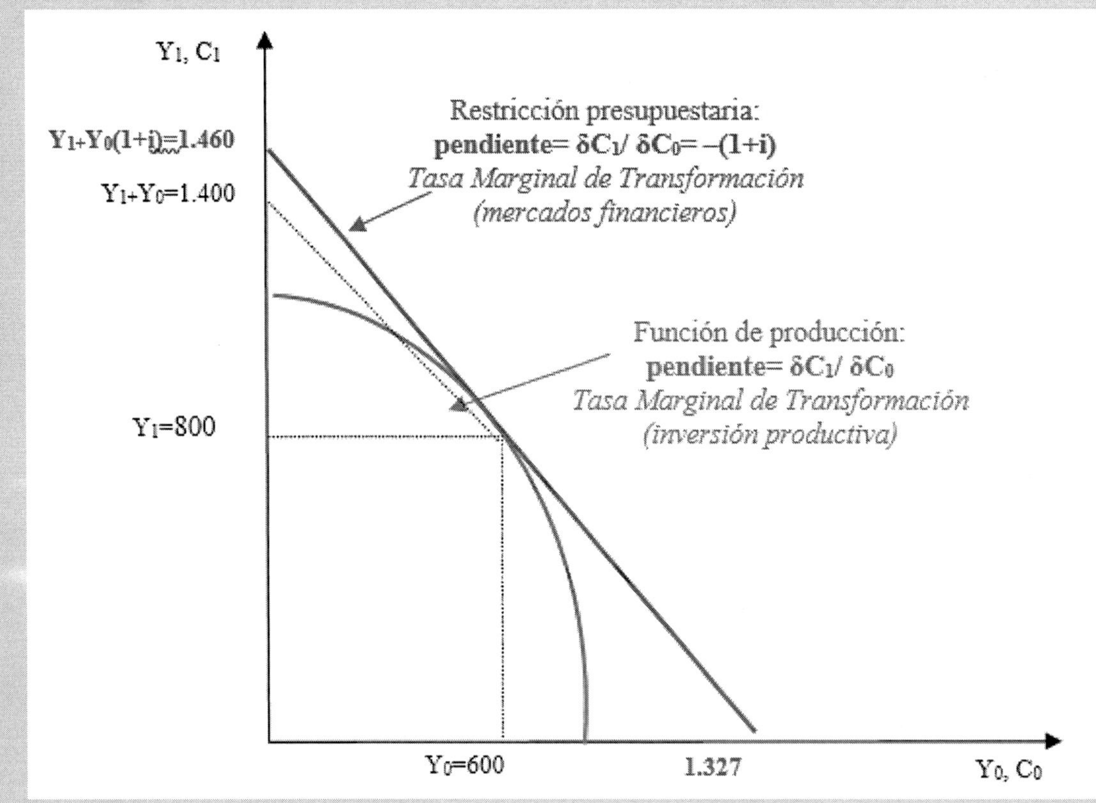

EJERCICIO 1.1. La decisión de inversión

SOLUCIÓN apartado 4

Y_0= 600 € Y_1= 800 €
i=10%
Rentabilidad de la inversión productiva:

$$\text{Relación Marginal de Transformación (real)} = \frac{\Delta \text{Output}}{\Delta \text{Inversión}}$$

Por cada euro que el inversor asigne al proyecto de inversión real, obtendrá al final del periodo un incremento en su riqueza futura equivalente a 1,2 euros. Este resultado es inferior al que obtendría si asigna sus recursos en los mercados financieros con una tasa marginal de transformación equivalente a: –(1+i)=–1,1.

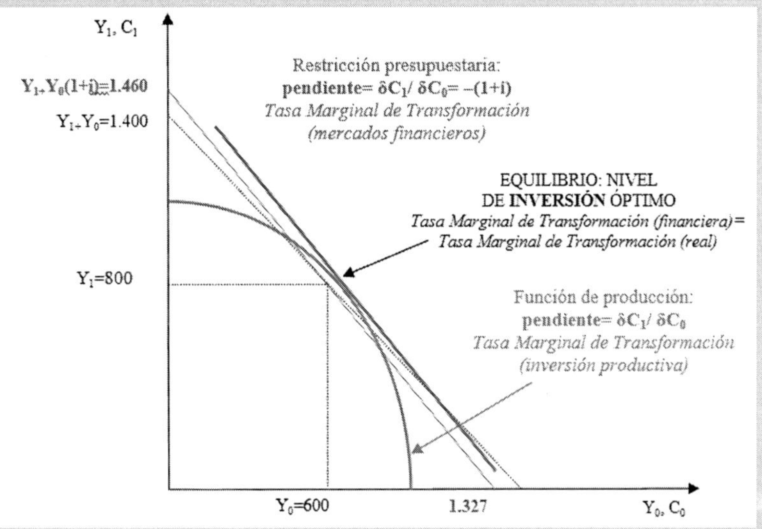

El inversor deberá invertir en la inversión real hasta el punto en el que la rentabilidad marginal de la inversión iguale el coste de oportunidad en los mercados financieros (tipo de interés). Por tanto, el nivel de inversión de equilibrio se obtiene en la tangencia entre la restricción presupuestaria y la frontera de oportunidades de inversión productiva. El nivel de consumo de equilibrio (óptimo) se obtiene en la tangencia entre la restricción presupuestaria y la curva de indiferencia más alejada del origen.

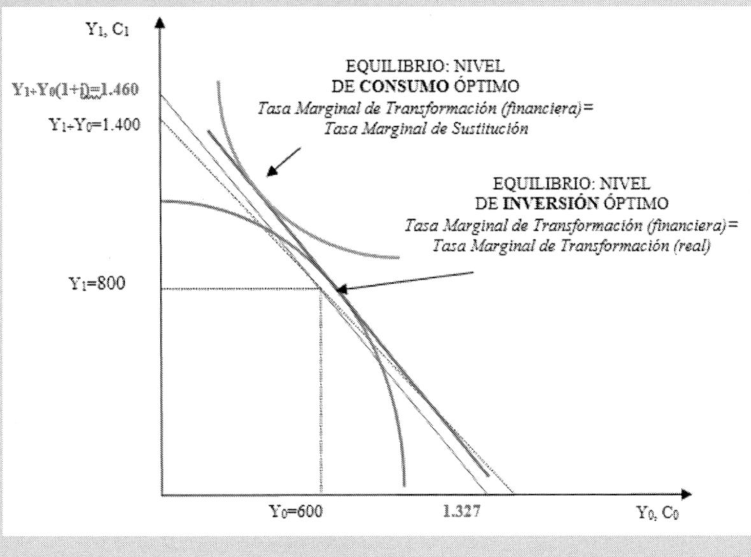

1.3. Las decisiones financieras de la empresa y el objetivo financiero.

La dirección financiera de la empresa actúa como intermediaria entre las operaciones de ésta, su cartera de activos reales, y los mercados de capitales donde se negocian los títulos que son emitidos por la empresa para financiar sus alternativas de inversión.

Para llevar a cabo su actividad una empresa necesita una amplia variedad de activos reales. Muchos de ellos son activos tangibles, tales como maquinaria, naves industriales, oficinas, etc.; otros son intangibles, tales como conocimientos técnicos, marcas comerciales y patentes.

Para obtener la financiación necesaria para la adquisición de estos activos reales la empresa vende activos financieros, cuyo valor depende de los derechos que estos incorporan sobre los activos reales de la empresa. No sólo las participaciones en el capital son activos financieros, sino también las obligaciones, los préstamos bancarios, los contratos de alquiler, etc.

El **directivo financiero se enfrenta a dos problemas básicos:**

- **¿Cuánto debería invertir la empresa? ¿Qué clase de activos debe tener la empresa para poder desarrollar su actividad?**
- **¿Cómo obtener los fondos necesarios para poder realizar las inversiones necesarias?**
- **¿Cuál ha de ser la composición de su pasivo?**

La respuesta a estas cuestiones requiere el **cumplimiento de tres condiciones previas**:

- **La determinación de un objetivo financiero explícito.**
- **Un criterio objetivo y sistemático para la asignación de recursos.**
- **Un método de análisis que permita la elección de la combinación óptima de medios o instrumentos de financiación.**

El **objetivo financiero** de la empresa se define en términos de maximización de la riqueza de los accionistas en el mercado. A los accionistas les beneficia cualquier decisión que incremente el valor de su participación en la empresa. Así, una decisión de inversión sería correcta si se materializa en un activo real que vale más de lo que cuesta, esto es, que genera valor. El criterio para valorar las decisiones financieras es la creación de valor.

El ciclo financiero de captación de fondos e inversión (mostrado en la figura 1.2.) se desarrolla de forma continua en la empresa. Las decisiones financieras que se toman en este ciclo son:

- Decisión de inversión.
- Decisión de financiación, incluyendo la decisión de dividendos.

Figura 1.2. Las decisiones financieras de la empresa.

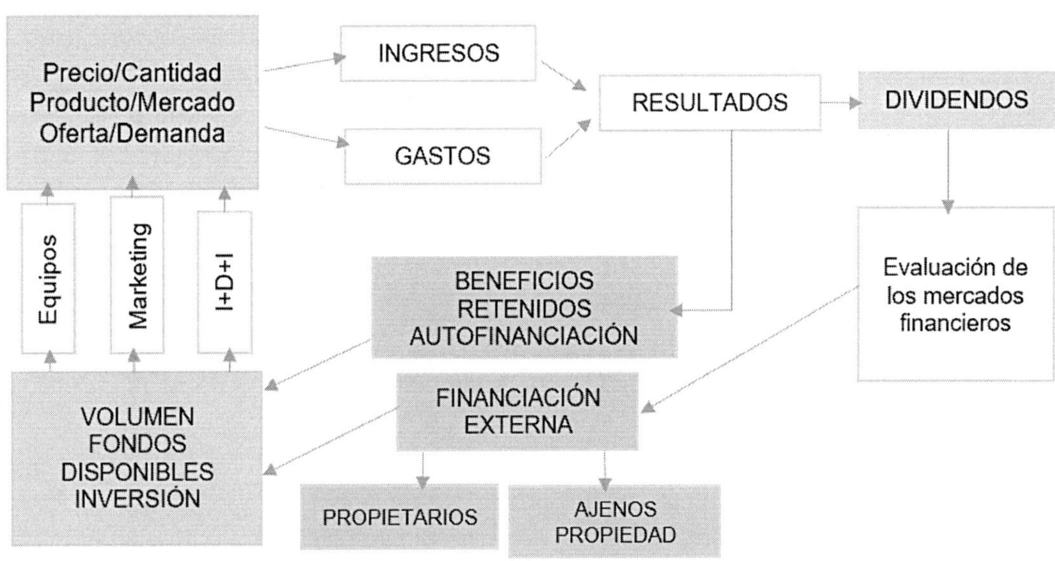

Explicamos cada una de estas decisiones y sus implicaciones a continuación.

La decisión de financiación consiste en la obtención de fondos necesarios, eligiendo entre las distintas fuentes de financiación de que dispone la empresa. En un primer nivel, la elección será entre fuentes de financiación propias (internas o externas) y fuentes de financiación ajenas.

➡ Fuentes de financiación propias o fondos propios: pueden ser internos, es decir, aquellos constituidos por los beneficios no distribuidos (reservas) y externos, es decir, aquellos aportados por los propietarios de la empresa, tanto en su constitución como en ampliaciones de capital posteriores.

➡ Fuentes de financiación ajenas o fondos ajenos: son aquellos obtenidos de terceros ajenos a la propiedad de la empresa. Existe un compromiso prefijado de pago de intereses y de devolución del principal.

La elección entre fuentes financieras determina la estructura financiera, estructura de capital o pasivo de la empresa, es decir, el nivel de endeudamiento de la empresa y la estructura temporal de dicho endeudamiento.

En la decisión de financiación la empresa busca, con carácter general, la elección de la combinación de recursos que minimicen el coste de capital. En esta elección, debe tenerse en cuenta que existen restricciones propias de los mercados financieros (restricción del crédito durante la crisis financiera de 2008, por ejemplo) o condicionantes derivados de la adscripción sectorial de la empresa.

Por su parte la política de dividendos, así como la estructura de propiedad de la empresa, condicionan las posibilidades que la empresa tiene de retener beneficios y, por tanto, fondos propios.

La decisión de dividendos busca determinar la parte del beneficio que se debe repartir a los accionistas. La decisión de dividendos conlleva la elección entre autofinanciación (reservas) y financiación externa. Con carácter general, se puede considerar que no se deberían repartir dividendos si el rendimiento que el accionista puede obtener en el futuro (vía ganancias de capital o mayores dividendos futuros), como consecuencia de la inversión de estos por parte de la empresa, es superior al rendimiento que podría obtener por sí mismo invirtiendo el dividendo obtenido. Debe tenerse en cuenta que la decisión de reparto de dividendos también se puede ver afectada por la búsqueda de un crecimiento sostenible de la empresa, por restricciones legales o por la propia estructura de propiedad de la empresa.

La decisión de inversión supone la asignación de recursos a proyectos de los que se espera obtener un rendimiento. La decisión de inversión configura o determina lo que se conoce como estructura económica o activo de la empresa. El activo de la empresa está configurado por dos categorías, según cual sea su vinculación al ciclo o ejercicio económico.

- Activo no corriente: constituye la estructura productiva de la empresa y tiene un periodo de permanencia superior al ejercicio económico. Este activo se transformará en recursos en más de un ejercicio económico.
- Activo corriente: constituido por aquellos activos cuyo periodo de permanencia en la empresa es menor a un ejercicio económico y/o son medios líquidos o su objetivo final es convertirse en liquidez en el ejercicio económico.

El objetivo de la decisión de inversión debe ser la selección de proyectos que generen un rendimiento superior al mínimo exigido por los aportantes de fondos, para ello se pueden aplicar distintos métodos de evaluación y selección de proyectos de inversión.

Debe tenerse en cuenta que entre la estructura financiera y la estructura económica deben darse una serie de equilibrios (más allá de los propios exigidos por la contabilidad), nos referimos a:

- Equilibrio de empleos-disponibilidades: las disponibilidades de fondos (financiación) deben ser iguales que los empleos de fondos, es decir, las inversiones. Esta igualdad se da necesariamente en la contabilidad de la empresa, pero también se debe dar a nivel financiero. Si tenemos más disponibilidades que empleos tendremos que pagar un coste financiero por los recursos de los que no estaremos obteniendo ninguna rentabilidad. Si tenemos menos disponibilidades que las que podríamos emplear estaremos perdiendo la posibilidad de obtener rentabilidad.

- Equilibrio rentabilidad-coste: la rentabilidad que se obtenga con el empleo de fondos debe ser mayor que el coste de dichos fondos, de esta forma podremos retribuir a todos los aportantes de fondos y financiar las posibilidades de crecimiento de la empresa. Esta decisión conlleva aceptar proyectos cuyo valor actual neto (VAN) sea positivo.

- Volúmenes y plazos: debe existir un equilibrio entre activos y pasivos corrientes y entre activos no corrientes y pasivos permanentes. Este equilibrio se materializa en el denominado capital corriente de la empresa, que depende del sector de actividad de la empresa.

En este primer apartado del tema hemos presentado, en términos generales, la problemática de la decisión financiera de inversión concretada en:

- La decisión de inversión debe responder a cuestiones como: ¿dónde debe invertir la empresa?, ¿cuál debe ser la composición de su estructura económica?
- La respuesta a dichas cuestiones va a requerir la existencia de métodos objetivos y sistemáticos que nos permitan seleccionar los proyectos en los que asignar recursos.
- Los métodos utilizados en la asignación de recursos deben tener en cuenta que las inversiones llevadas a cabo por la empresa deben cumplir, necesariamente, que su rendimiento sea superior al coste de los recursos si la empresa quiere cumplir el objetivo de maximización de su valor.

1.4. La empresa: el gobierno corporativo y los conflictos de interés.

Las decisiones financieras de la empresa deben tomarse buscando alcanzar un objetivo. Si en la empresa no existe un objetivo claro al que tiendan estas decisiones todas las actividades de la empresa serán simples decisiones operativas, de corto plazo, de día a día, y no existirá una visión a largo plazo. Sin duda, muchas decisiones de la empresa tienen un componente de corto plazo, porque diariamente deben tomarse decisiones, pero todas estas decisiones deben estar enmarcadas en un objetivo a largo plazo.

El objetivo clásico de la empresa propuesto por la teoría microeconómica es la maximización del beneficio. **Sin embargo, la maximización del beneficio tiene una serie de problemas, inconvenientes o limitaciones**:

- Imprecisión definición beneficio: el término beneficio resulta ambiguo puesto que se puede hablar de distintos tipos o dimensiones del beneficio: beneficio antes de intereses e impuestos (BAIT), beneficio antes de impuestos (BAT), beneficio neto (BN), beneficio antes de intereses, impuestos, depreciación y amortización (EBITDA),...
- Dimensión temporal (expectativas): el beneficio tiene una dimensión fundamentalmente a corto plazo y no está basada en expectativas de generación de rentas futuras.
- Riesgo: la maximización de la cifra de beneficios no considera el nivel de riesgo asumido para su consecución.
- Discrecionalidad: el beneficio es un concepto contable y existe cierta discrecionalidad respecto a la aplicación de ciertos criterios contables que hace que la cuantía de beneficio no sea única y objetiva, sino que depende de la subjetividad y objetivos propios de la persona que aplica los criterios contables y los fines que busque con la publicación de la información contable.

Todas estas limitaciones llevan a desechar el criterio de maximización del beneficio como objetivo financiero de la empresa, planteando como objetivo de la empresa la maximización de la riqueza de los propietarios de la empresa o el valor del mercado de las acciones. No obstante, cuando los contratos de endeudamiento incorporan cláusulas para proteger la riqueza de los acreedores, en último término esto conlleva la maximización del valor de todos aquellos títulos que incorporan derechos sobre los activos y los flujos de caja de la empresa, ya sean éstos acciones o títulos de deuda. Es por ello por lo que, podemos considerar como objetivos equivalentes la maximización del valor de las acciones o de la empresa en su conjunto.

El valor de la empresa o las acciones dependerá de la generación de flujos de caja y de la tasa de descuento ajustada al nivel de riesgo asumido por los aportantes de fondos.

$$Valor = \sum_{t=1}^{n} \frac{\text{Flujos de caja esperados}}{(1+\text{k})^t}$$

Donde K: es el coste de oportunidad del capital o coste de los recursos financieros ajustados al riesgo de la empresa

Este objetivo de maximización del valor de la empresa se articula a través de una serie de objetivos operativos aplicables a las políticas financieras que hemos explicado previamente.

1. Asignación eficiente de los recursos: este objetivo operativo de la política de inversión consiste en la elección de aquellos proyectos que generen un mayor valor.

2. Respecto a la política de financiación se debe de determinar la estructura financiera óptima, es decir, aquella combinación de recursos que implique el menor coste para la empresa. Este objetivo presentaría limitaciones vinculadas a los mercados financieros y a la adscripción sectorial de la empresa.
3. En tercer lugar, se buscaría alcanzar una tasa de crecimiento sostenible que garantice la supervivencia de la empresa y el mantenimiento de su peso en el sector. Este objetivo está relacionado fundamentalmente con la política de dividendos de la empresa, si bien también depende de la política de endeudamiento y de la eficiencia operativa en el uso de los activos.

Sin embargo, de forma práctica los directivos son evaluados en función de los efectos que sus decisiones sobre la parte del valor de la empresa que pertenece a los accionistas o propietarios de la empresa que los han contratado. En el caso de empresas cotizadas el valor de referencia tomado para medir la consecución del objetivo de la maximización de la riqueza de los accionistas es el precio de las acciones en el mercado, es decir, su cotización. Este objetivo concreto de maximización del valor de las acciones es comúnmente aceptado por dos razones:

- Es una medida fácil de observar y su valor se actualiza constantemente, al contrario de otras medidas de rendimiento o *performance*.
- Suponiendo una comunidad de inversores racionales, los precios de las acciones dan de manera constante una retroalimentación que nos permite valorar las actuaciones de los directivos. Si por ejemplo una empresa anuncia una adquisición de otra corporación el cambio en los precios de las acciones de las empresas adquirente y adquirida nos indicará cómo valora el mercado el impacto futuro que tendrá esta operación sobre ambas corporaciones.

No obstante, debemos tener en cuenta que la maximización del precio de las acciones, como objetivo financiero que permite evaluar las decisiones directivas es válido o adecuado únicamente en una situación utópica prevista en la teoría financiara clásica relativa a la relación de los directivos con los accionistas, acreedores, mercados financieros y la sociedad en su conjunto. Estas relaciones se desarrollarían de la siguiente forma:

- **Relación directivos-accionistas:** Los accionistas tienen control completo sobre los directivos a través de los órganos de supervisión y control de la empresa, es decir, de la junta general de accionistas y el consejo de administración. Este control permite que los objetivos de los directivos y los accionistas sean los mismos y, por tanto, se maximice la riqueza de los accionistas.

- **Relación directivos-acreedores:** Los acreedores prestan dinero a la empresa y los directivos protegerán los intereses de éstos, es decir, no tendrán incentivos a expropiarles riqueza (utilizando los recursos para proyectos más arriesgados, por ejemplo). Consecuentemente los contratos de endeudamiento no necesitan establecer limitaciones contra este tipo de prácticas. Se supone que el efecto reputacional que se generaría por expropiar riqueza a los acreedores es lo suficientemente intenso como para evitar este tipo de actividades por parte de los directivos.

- **Relación directivos-mercados financieros:** Los directivos revelan información al mercado honestamente y a tiempo, independientemente de que esta sea positiva o negativa para la empresa. Por su parte los inversores en el mercado son racionales y utilizan esta información en la formación de precios. De este modo el mercado incluye esta información en los precios de las acciones.

- **Relación directivos–sociedad:** La empresa no crea costes sociales, es decir todos los costes que la empresa produce pueden ser rastreados y asociados con la misma, formando parte de su cuenta de resultados. Los costes sociales son costes producidos por la empresa, pero que no pueden ser identificados con esta y, por tanto, son soportados por la sociedad sin que por ello se pueda exigir una compensación a la empresa.

  Ejemplo: la contaminación producida por una empresa es un coste social en tanto en cuanto no se pueda identificar al emisor. En caso de que su origen pudiera ser identificado ya no sería un coste social, puesto que se podría obligar a la empresa a pagar una compensación. Las empresas pueden también generar costes sociales sin tener conocimiento de ello.

La figura 1.3. muestra los supuestos de estas relaciones.

Figura 1.3. Relaciones entre directivos, accionistas, acreedores, mercados financieros y sociedad.

Si no se dan estas circunstancias, es decir, se producen fallos en estas relaciones, la maximización del precio de las acciones deja de ser un objetivo válido para orientar la gestión de la empresa, puesto que existen formas "dañinas" de maximizar el precio de las acciones a costa de los intereses de otros participantes en la empresa.

Analizamos a continuación cuáles son los conflictos que existen entre los distintos participantes en la empresa y los directivos que toman las decisiones, cómo esos conflictos generan problemas y cuáles son las decisiones que permiten reorientar de nuevo el objetivo financiero propuesto.

Figura 1.4. Fallos en las relaciones directivos, accionistas, acreedores, mercados financieros y sociedad.

1.4.1. El conflicto entre accionistas y directivos.

En la situación utópica habíamos explicado que los accionistas podían controlar a los directivos a través de los órganos de supervisión y control de la empresa, sin embargo, los accionistas minoritarios no ejercen un control efectivo sobre los directivos a través de la junta general de accionistas o el consejo de administración por los siguientes motivos:

Control directivo a través de la junta general de accionistas:

- Los pequeños accionistas en la mayoría de los casos ni siquiera consideran la posibilidad de asistir a la junta de accionistas puesto que el coste que esto supone (en términos de asistencia y coste de supervisión) supera el incremento de su riqueza derivado de la acción de supervisión ejecutada. De hecho, en la mayor parte de los casos, para los pequeños accionistas este coste supera el valor total de su participación accionarial.

- Los derechos de voto que no son ejercidos ni representados por otra institución en la junta de accionistas son votos directos para el equipo gestor. Por ello resulta muy difícil que los accionistas puedan plantear una amenaza creíble respecto del equipo gestor en la junta general de accionistas y en consecuencia este no es un mecanismo eficaz de control directivo.

- Por otra parte, los grandes accionistas que sí pueden realizar un control efectivo de los directivos tampoco lo realizan. Los grandes accionistas suelen ser inversores institucionales (fondos de inversión, compañías de seguros,...) que poseen una cartera de inversiones diversificada. En caso de que no estén de acuerdo con la línea de acción de la dirección toman habitualmente el camino más fácil de vender su participación accionarial, lo que es conocido como “votar con los pies”. Emprender una campaña de control de los gestores y luchar contra ellos supone un coste que resulta difícil de asumir en el caso de tener una amplia cartera de inversiones. Por otro lado, los grandes accionistas institucionales podrían presentar conflictos de intereses dado que se pueden encargar de gestionar los planes de pensiones de la empresa o pueden ser entidades financieras que al mismo tiempo son acreedores y accionistas de la empresa. En estos casos sus incentivos para defender únicamente sus intereses como accionistas se ven debilitados.

El consejo de administración tampoco resulta en realidad un buen mecanismo de protección de los intereses de los accionistas minoritarios por varias razones:

- Existe en la mayoría de los casos una participación directa de los directivos en la elección de los miembros del consejo. Teniendo en cuenta la remuneración obtenida, estos consejeros no serán especialmente críticos con la persona a la que deben su puesto.

- Los consejeros independientes, encargados de representar los intereses de los accionistas minoritarios no poseen acciones de la empresa y en muchos casos si las poseen les han sido otorgadas por la empresa. Esto dificulta una identificación efectiva con los intereses de los accionistas.

- Existe un fenómeno muy extendido del intercambio de puestos en varios consejos de administración. El máximo ejecutivo de la empresa A es a su vez consejero no ejecutivo en la empresa B y el máximo ejecutivo de la empresa B es a su vez consejero no ejecutivo en la empresa A. Consecuentemente estos individuos no serán críticos en el desarrollo de su labor como consejeros no ejecutivos.

- El máximo ejecutivo de la empresa puede ser al mismo tiempo en muchos casos el presidente del consejo. Esto le permite diseñar la agenda de las reuniones del consejo de modo que estas no traten temas problemáticos para el equipo gestor.

Estos problemas para ejercer un control efectivo a través de los órganos de supervisión y control de la empresa hacen que los directivos cuenten con cierto grado de discrecionalidad para tomar decisiones que favorezcan sus propios intereses antes que los intereses de los accionistas. Algunas de estas prácticas discrecionales de los directivos son las siguientes:

- *Greenmail*: Esta práctica consiste en la recompra del paquete accionarial que tiene un potencial adquirente a una prima elevada con la finalidad de evitar una operación de adquisición. Evidentemente esta práctica evita el control ejercido por el mercado de control corporativo y lo hace con un coste para los accionistas actuales que por un lado pierden la potencial ganancia proveniente de una OPA y además deben pagar la prima en la operación. El único beneficiado es el gestor que evita un control externo y mantiene su puesto que perdería con casi total seguridad en una eventual toma de control externa.

- Los paracaídas dorados (*golden parachutes*): Son provisiones en los contratos de los directivos para compensarles en caso de que pierdan su puesto debido a una operación de toma de control. Este tipo de provisiones encarecen las operaciones de toma de control dificultando la acción disciplinaria de este mecanismo y en caso de que esta se lleve a cabo el precio pagado a los accionistas se verá previsiblemente disminuido por el importe del paracaídas dorado que hay que pagar a los directivos.

- Píldoras envenenadas (*poisson pills*): Son acuerdos anti-adquisición en forma de títulos cuyos derechos carecen de valor en situaciones normales pero que lo adquieren en el caso de una toma de control y cuyo ejercicio hace que esta operación resulte poco ventajosa para el adquirente. Por ejemplo, una "*flip-over pill*" da derecho a los accionistas de la empresa adquirida a obtener acciones de su empresa con un gran descuento sobre su precio de mercado. Esta situación pone en clara desventaja al adquirente que ha pagado el precio de mercado e incluso una prima de control y sin embargo ve su propiedad diluida por la emisión de nuevas acciones. Además, la emisión de nuevas acciones adquiridas por los antiguos accionistas puede ocasionar que el adquirente pierda el control de la empresa al verse rebajado su porcentaje de participación en la empresa.

- Repelentes de tiburones (*shark repellents*). Son acuerdos anti-adquisición que requieren la aprobación por la Junta de accionistas. Ejemplos clásicos son acuerdos que requieren una mayoría reforzada para tomar el control de la empresa o que requieren una cierta antigüedad como accionistas para poder acceder al consejo de administración.
- Operaciones de adquisición pagando un valor por encima del valor real de la empresa adquirida: Los directivos se ven favorecidos por el mayor volumen de recursos que gestionan dado que el principal elemento que define la remuneración de un directivo es el tamaño de la empresa que gestiona, no su rentabilidad o generación de valor. Por el contrario, los accionistas de la empresa adquirente pierden la prima pagada en el mercado, de la que se apropian los accionistas de la empresa adquirida. Cuando existe un claro ejemplo del pago de precios por encima del valor real de la empresa adquirida, la reacción del mercado es negativa para la empresa adquirente.

1.4.2. El conflicto entre accionistas y acreedores.

Los acreedores no tienen los mismos derechos que los accionistas sobre los activos y los flujos de caja de la empresa, lo cual genera diferentes actitudes frente a los riesgos asumidos. Los acreedores tienen derecho a percibir los intereses y a la devolución del principal de la deuda, mientras que los accionistas tienen derecho a las rentas obtenidas una vez pagados los intereses de la deuda. Así, los accionistas tienen una actitud más favorable frente al riesgo que la empresa asume, puesto que sus ganancias no están limitadas por la parte superior, mientras que las ganancias de los acreedores están limitadas a los intereses a percibir. Por ello los acreedores están interesados en que la empresa mantenga niveles de riesgo moderados y genere resultados que le permitan cumplir satisfactoriamente sus compromisos de pago vinculados al endeudamiento, mientras que los accionistas estarán más interesados en el potencial de crecimiento de los beneficios incluso a costa de asumir un riesgo elevado. Es por ello por lo que los directivos, en representación de los accionistas, pueden incurrir en comportamientos lesivos para los intereses de los acreedores, es decir, pueden expropiar riqueza a los acreedores.

Comportamientos que suponen una expropiación de riqueza de los acreedores:

- Sustitución de activos: es decir los directivos pueden estar interesados en invertir en proyectos más arriesgados de los acordados con los acreedores en el momento de contratación de la deuda. Cuando se contrata una deuda (salvo las líneas de crédito a corto plazo) se acuerda el tipo de interés en función del nivel de riesgo que suponen las inversiones de la empresa. Si el tipo de inversión supone un mayor riesgo del previsto inicialmente en el contrato de endeudamiento se estará favoreciendo los intereses de los accionistas a costa de los acreedores, puesto que, si el proyecto fracasa, como consecuencia de su mayor riesgo, los acreedores podrían no percibir las rentas acordadas.

- Incremento del endeudamiento utilizando como garantía los mismos activos: si se permite este tipo de actuaciones los accionistas disfrutan de un mayor apalancamiento (mayor nivel de endeudamiento), pero los acreedores acaban compartiendo las garantías disponibles para cubrir los préstamos.
- Incremento de los dividendos pagados: esta medida reduce el volumen de disponible para el servicio de la deuda, incrementa las necesidades de nueva financiación y, por tanto, supone un aumento del nivel de riesgo soportado por los acreedores.

Consecuencias: La posibilidad de este tipo de comportamientos hace que los acreedores reduzcan su predisposición a prestar fondos o prestarlos a tipos de intereses más elevados, lo cual reduce las posibilidades de las empresas para invertir y, en consecuencia, para generar valor para los accionistas, impidiendo que se alcance el objetivo financiero propuesto.

Las **soluciones** que se plantean a los problemas generados por los conflictos entre directivos y acreedores pasan por las siguientes actuaciones:

- Aumento del tipo de interés exigido a la deuda, de forma que este mayor tipo de interés exigido permita compensar los posibles incrementos en el nivel de riesgo.

- Exigencia de garantías adicionales.

- Amortizaciones periódicas de deuda: que la empresa tenga que devolver gradualmente el principal de la deuda reduce el nivel de riesgo que están asumiendo los acreedores.

- Representantes en el consejo de administración: que los acreedores formen parte del consejo de administración limitará las posibilidades de actuación discrecional por parte de los directivos.

- Establecimiento de cláusulas más restrictivas en los contratos de deuda, tales como: prohibición de venta de activos, fundamentalmente cuando estos constituyan una garantía de dicha deuda; exigencias de mantener ciertos niveles de liquidez o capital circulante, de forma que si la empresa no mantiene dichos niveles ello puede ser indicador de problemas financieros en la empresa, reservándose el acreedor el derecho a rescindir en dicho caso el contrato; establecimiento de limitaciones al nuevo endeudamiento, puesto que ello incrementaría el riesgo que están asumiendo los antiguos acreedores; obligaciones de información, es decir, los acreedores estarían facultados para pedir información periódica de la situación económica y financiera de la empresa.

1.4.3. El conflicto entre empresa y mercados.

Los mercados financieros, a través de la oferta y demanda de activos financieros, determinan el valor de las acciones de las empresas. Para que la actuación de los mercados sea eficiente es preciso que los inversores sean racionales y que las empresas, a través de sus directivos, revelen de manera honesta y a tiempo toda la información relevante respecto a la situación económica y financiera de la empresa. Sin embargo, la actuación de los mercados no siempre es eficiente.

- ¿Son racionales los inversores?: un primer signo de la irracionalidad de los inversores es que los precios de mercado son mucho más volátiles que los dividendos o los beneficios que deberían ser los elementos fundamentales en los que se basan las cotizaciones de los activos. Los inversores sobre reaccionan ante noticias negativas y son escépticos ante las noticias positivas.

- ¿Los directivos comunican toda la información sobre la empresa en tiempo y forma?: los directivos tienen incentivos para retener y ocultar la información negativa relativa a la empresa. Con carácter general, las empresas revelan las malas noticias fundamentalmente en momentos en que los mercados no están activos. Empíricamente se observa una concentración de este tipo de anuncios al cierre de la sesión final de semana. Por otro lado, los directivos pueden tratar de lanzar información falsa o que al menos puede resultar engañosa para mejorar la imagen de la empresa.

Si la información sobre la empresa no es completa y los inversores no son racionales los precios de las acciones no van a reflejar el valor de la empresa. Esto pone en evidencia lo poco acertado de una gestión orientada a maximizar el precio de las acciones de la empresa, dado que los precios no reaccionarán de manera racional a los elementos fundamentales en los que se basa el valor de la empresa.

1.4.4. El conflicto entre empresa y sociedad.

No todos los costes generados por una empresa pueden ser asociados con esta. Las decisiones empresariales destinadas a la maximización del precio de las acciones pueden generar importantes costes sociales. Por ejemplo, las decisiones tendentes a maximizar el precio de las acciones de una empresa tabaquera pueden suponer importantes costes al sistema sanitario de un país. Este tipo de costes no pueden ser considerados en el modelo de gestión de maximización del valor de las acciones puesto que son difícilmente cuantificables.

A pesar de todos estos conflictos puestos de manifiesto, el objetivo financiero que se propone sigue siendo el de maximización del precio de las acciones, si bien con ciertas limitaciones a las formas en las que estos precios pueden ser maximizados. **Mantenemos el objetivo de la maximización del precio de las acciones, pero con restricciones**. La maximización del precio como objetivo tiene la ventaja de que el mercado se autocorrige de modo que cuando uno de los grupos interesados en la empresa (directivos, accionistas, acreedores, o la sociedad en su conjunto) actúa de modo que daña los intereses del otro existe una reacción que corrige esta situación.

El conflicto entre accionistas y directivos ha dado lugar a un movimiento de mejora de las estructuras de gobierno corporativo que permitan aumentar el control sobre los directivos oportunistas tales como: códigos de buen gobierno, exigencias en la formación de consejos independientes, formación de comisiones de remuneración, auditoria o nombramientos independientes, mayor transparencia acerca de la propiedad de la empresa o la remuneración de los directivos, entre otros. Existen trabajos empíricos que muestran que algunos inversores instituciones actúan contra los equipos directivos oportunistas. En lugar de “votar con los pies”, como habíamos explicado anteriormente, actúan de forma contraria, es decir, precisamente lo que hacen es adquirir participaciones en empresas que están siendo mal gestionadas (y cuyo precio en la bolsa es inferior al que deberían tener) y fuerzan el cambio del equipo gestor.

Con objeto de evitar la expropiación de riqueza de los acreedores por parte de los directivos se ha producido un cambio en los contratos de endeudamiento imponiendo restricciones al pago de dividendos, a la sustitución de activos por otros de mayor riesgo y al aumento del nivel de endeudamiento. Ciertas emisiones de deuda se realizan bajo el formato denominado “*puttable bonds*” que es una combinación de bono normal y una opción. En este tipo de contratos de endeudamiento se establece que el incumplimiento de alguno de los acuerdos en el contrato de deuda que pudiera suponer un desplome del precio de los bonos los acreedores pueden inmediatamente revenderle el bono a la empresa exigiendo así la devolución del nominal del mismo. También se ha incrementado la emisión de bonos convertibles. Este tipo de bonos permiten su conversión en acciones. En este caso se limita el incentivo para que los accionistas expropien riqueza a los acreedores, puesto que estos últimos pueden convertirse a su vez en accionistas. También se emiten bonos sensibles al rating de la empresa, de forma que el tipo de interés que la empresa debe pagar por el bono se ajusta en función de su rating, es decir, si la empresa incrementa su riesgo su deuda automáticamente se encarece. Si la solvencia y consecuentemente el rating de la empresa caen, se incrementa automáticamente el tipo de interés exigido para compensar el aumento de riesgo y evitar la pérdida de riqueza del acreedor.

Respecto a la relación entre los directivos y los mercados financieros, los directivos que retrasan la salida de información negativa o directamente falsean la información acerca de la empresa son castigados en términos de pérdida de valor de la empresa cuando esta información llega al mercado. La reacción ante las informaciones negativas es especialmente intensa y además se puede trasladar de unas empresas a otras que presentan características similares incluso si no han tenido este tipo de problemas.

En el caso de empresas que generan elevados costes sociales, la sociedad responde a tres niveles: el gobierno, los clientes o potenciales clientes y los inversores. Las empresas que generan elevados costes sociales están en el punto de mira del regulador, el cual tiene interés en legislar para evitar que la empresa genere costes que deben ser soportados por la totalidad de la sociedad. Un buen ejemplo de este comportamiento por parte de los gobiernos es la tendencia reguladora actual en torno al tabaco y el medio ambiente. La existencia de consumidores con conciencia de los costes sociales generados por las empresas implica también la pérdida de ventas por parte de aquellas empresas cuya actividad genera costes sociales incluso si no está incurriendo por ello en actividades ilegales.

Por último, los inversores pueden mantener fuera de su cartera aquellas empresas que no manifiestan una actitud responsable en término de generación de costes sociales. Determinados inversores institucionales “fondos socialmente responsables” evitan la inversión en empresas que generan elevados costes sociales.

La cuestión de los costes sociales resulta especialmente relevante en determinadas sociedades como la estadounidense caracterizada por un elevado grado de litigiosidad. En estas sociedades las empresas señaladas como “malos ciudadanos corporativos” son a menudo objetivo prioritario de demandas colectivas lo cual les ocasiona abundantes costes en términos de pérdida de imagen corporativa y costes directos originados por los procesos.

1.5. La ética en las finanzas

Tal y como hemos indicado en el primer apartado de este capítulo, en la economía se producen intercambios continuos de ahorro e inversión entre los distintos agentes económicos, facilitados por las organizaciones económicas, las administraciones públicas y los mercados e instituciones financieras, teniendo dichos intercambios un importante impacto a nivel económico y social para los países.

Para que el sistema financiero cumpla eficientemente sus funciones y favorezca un desarrollo económico y sostenible es necesario que las decisiones que se tomen por parte de todos los agentes e instituciones estén regidas por principios éticos. Así, la importancia del estudio de la ética en el sector financiero en relación con la ética de cualquier otra actividad empresarial es consecuencia de la especial trascendencia que la función financiera tiene sobre el desarrollo económico. Esta trascendencia reposa sobre las relaciones de confianza entre los agentes económicos, lo cual justifica la intensidad regulatoria del sector financiero, el alto grado de supervisión y la intervención pública en caso de fallos en los mercados con objeto de garantizar que el sector financiero pueda cumplir sus funciones en la economía.

Desde que existen las actividades comerciales y financieras, la ética o su ausencia está presente en la forma de ejercer dichas actividades. Gran parte de la doctrina y de la opinión pública han señalado la falta de ética o la existencia de deficiencias morales como causas de la reciente crisis financiera. Cuestiones como la asimetría de información en la comercialización de algunos productos bancarios, tales como las participaciones preferentes, o la idoneidad de los rescates bancarios han sido objeto de gran discusión a nivel académico y social (Graafland y Van de Ven, 2011)[4]. Argandoña (2010)[5], señala que todas las crisis anteriores presentaban comportamientos poco éticos, tales como codicia, engaño, imprudencia, arrogancia, conflictos de interés, incentivos perversos y fraude, pero que la reciente crisis financiera es una crisis ética en la que fallaron las conductas de las personas que estaban al frente de organizaciones como los bancos, las agencias de rating, los organismos supervisores, los bancos centrales y los gobiernos.

De igual forma que a los médicos y abogados, por la especial incidencia de su actividad sobre la vida de los ciudadanos y el riesgo inherente al desarrollo de esta, se les exige el respeto a unas normas deontológicas, que van más allá de las puras obligaciones legales, a las entidades financieras, y a todos los que trabajan en las mismas, se les debe de exigir unos estándares de comportamiento ético. Estos estándares éticos estarán en consonancia con las funciones que el cumplimiento de su objeto social les impone y con la confianza social que en ellos depositan clientes, depositantes, etc.

La ética en las finanzas se puede desarrollar a tres niveles:

- A nivel social (mercados): las cuestiones éticas se centran en el marco institucional y regulatorio donde se desarrolla la actividad económica y financiera, buscando un comportamiento ético por parte de organizaciones, empresas y profesionales.
- A nivel organizativo (empresas): las cuestiones éticas se deben integrar en todos los departamentos de la organización haciendo que trabajadores y el resto de *stakeholders* (grupos de interés) tengan incentivos para desarrollar hábitos y virtudes éticas.
- A nivel personal (profesionales): las cuestiones éticas deben guiar la conducta del profesional financiero, haciéndole reflexionar y desarrollar su actividad de acuerdo con criterios éticos. El profesional financiero debe de tomar buenas decisiones teniendo en cuenta distintas dimensiones: la económica, la financiera, la social y también la ética. Una decisión ética pero económicamente no rentable no es una buena decisión, pero de igual forma, una decisión económica positiva pero éticamente negativa será también una mala decisión, puesto que podrá generar consecuencias negativas a corto o a largo plazo.

La Tabla 1.1. recoge algunos de los principios éticos aplicables a las finanzas presentes en muchos de los códigos éticos o normativas aplicables.

---

[4] Graafland, J.J. and Van de Ven, B.W. (2011): "*The credit crisis and de moral responsability of professionals in Finance*", Journal of Business Ethics, 103, nº 5, pp. 605-619.

[5] Argandoña, A. (2010): "*La dimensión ética de la crisis financiera*", IESE Business School. Documento de Investigación DI-872.

Tabla 1.1. Principios éticos en las finanzas.

Principio	Significado
Confidencialidad	Respetar el carácter confidencial de la información que se ha obtenido como consecuencia del desarrollo de su actividad, no divulgarla, no usarla en beneficio propio o de terceros, salvo que la ley o el cliente lo permitan.
Diligencia	Aplicar la diligencia debida a la hora de desempeñar las obligaciones del puesto con respecto al cliente y la propia entidad. Adquisición de competencias y desarrollo de capacidades necesarias para el ejercicio de la profesión, inicialmente y de forma continua (Normativa MiFID).
Fortaleza, constancia, paciencia	Se debe de estar dispuesto a hacer frente a sucesos no previstos o contrarios a los esperados. No se debe de tener prisa en conseguir los resultados económicos esperados de sus decisiones.
Honestidad, buena fe	Manifestarse con coherencia y sinceridad, sin atender a componendas y sin hacer acepción de personas. Buena fe supone actuar para servir a los intereses de los clientes teniendo en cuenta la confianza que éstos depositan.
Imparcialidad, independencia	Debe mostrarse imparcialidad en las actitudes ante las personas, evitando el trato injustamente discriminatorio. Se debe mostrar independencia ante los distintos intereses que se presenten, tanto por parte de los clientes como por parte de terceros y por los propios intereses del profesional, evitando conflictos de interés.
Integridad	Hace referencia a la coherencia de las decisiones entre sí y con los valores éticos.
Justicia, lealtad	La justicia es una virtud ética y social básica de la persona, con independencia del desarrollo de su actividad profesional. En el ámbito financiero la justicia es el principio de los principios, aquel del cual dependen los demás. Este principio supone que se deben reconocer los derechos de los clientes, no establecer discriminaciones o prioridades injustas. La justicia está relacionada con la asimetría de información que habitualmente se da en las relaciones financieras entre cliente y profesional. El profesional, con más información, no debe aprovecharse de ello, estableciendo asimetrías de poder o perjudicando a su cliente. La lealtad hace referencia a la prioridad de los intereses del cliente en el cumplimiento de lo acordado.
Legalidad	Se debe actuar siempre conforme a las leyes y normativas generales y específicas, los códigos de conducta de la profesión y las normas internas de la entidad.
Objetividad, imparcialidad, independencia	Estos principios hacen referencia a la forma de desempeñar las tareas de acuerdo con el principio de justicia.
Prudencia	La prudencia permite tomar las decisiones adecuadas en cada circunstancia. El profesional financiero gestiona recursos financieros que pertenecen a terceros, por lo que debe de considerar las consecuencias que sus decisiones tienen sobre el patrimonio de sus clientes.
Responsabilidad, rendición de cuentas	Se debe asumir la responsabilidad de las acciones tomadas, estando dispuesto siempre a rendir cuenta de las decisiones adoptadas y de los criterios empleados en las mismas, ante quienes tienen dicho derecho.
Transparencia	Se debe compartir la información y actuar de forma abierta.
Veracidad	Hace referencia a la equivalencia entre lo que se dice y lo que se piensa, a partir de la información disponible.

La globalización de los mercados, los avances tecnológicos, la sofisticación de los productos financieros ha supuesto que los intermediarios financieros, especialmente los analistas financieros, hayan adquirido en los últimos años, de, una mayor relevancia dentro del sector financiero. Los mercados y productos financieros son cada vez más accesibles para cualquier inversor, pero también son cada vez más complejos, lo cual conlleva la necesidad de procesar profesionalmente la información con objeto de reducir los riesgos. El trabajo de los intermediarios financieros examinando con criterios profesionales la información sobre los activos, transformándola en predicciones de beneficios y precios objetivos que se hacen públicos a través de recomendaciones de inversión, otorga a estos intermediarios gran influencia en el funcionamiento y eficiencia de los mercados financieros. Este papel que los intermediarios financieros juegan en el desarrollo del sector financiero es el que exige que su comportamiento sea ejemplar y ético. Es por lo que en los últimos años se ha regulado la actividad de los intermediarios financieros, especialmente de los analistas financieros.

En los últimos años, los reguladores han reforzado y endurecido los requerimientos exigidos a las entidades dedicadas al análisis y asesoramiento financiero. De forma destacada, en el ámbito europeo, la Directiva sobre Abuso de Mercado y la Directiva sobre Mercados e Instrumentos Financieros (MiFID) han regulado la actividad de los analistas financieros a través de normas que se concretan en tres ámbitos:

1) Estructura organizativa de las entidades que ofrecen servicios de análisis financiero.
2) Presentación imparcial de las recomendaciones.
3) Mayor transparencia, exigiendo la revelación en los informes emitidos de los conflictos de interés que les afecten.

Por otra parte, tradicionalmente las distintas asociaciones de analistas han desarrollado normas propias o códigos éticos de autorregulación de su conducta con el objeto de favorecer la integridad y ética en el ejercicio de su profesión. Estas normas propias han servido, en muchos aspectos, de referencia en las normativas vigentes en los distintos mercados o países. En este sentido, son destacables en Estados Unidos el Código Ético y las Normas de Conducta Profesional del Instituto CFA y a nivel europeo el Código Ético de la Asociación Europea de Planificación Financiera (EFPA).

- Código Ético y Normas de Conducta Profesional del Instituto CFA. El Instituto CFA fue creado en 1947 como *Association for Investment Managment and Research* (AIMR), si bien tiene su origen en Estados Unidos su carácter es de entidad sin ánimo de lucro global de profesionales de la gestión de inversiones financieras, teniendo entre sus funciones el establecimiento de códigos éticos y normas de conducta y la búsqueda de la educación y excelencia profesional de sus miembros. El Instituto CFA es una de las instituciones privadas con mayor reconocimiento internacional en el sector financiero. Según la propia entidad, su principal misión es el desarrollo profesional de los agentes del mercado financiero, profesionales, directivos y otros tipos de profesionales del sector, con el fin de otorgar un valor añadido a través de la promoción de una ética financiera, la integridad del mercado y unas exigencias para el buen desarrollo de las profesiones financieras. Las dos principales aportaciones de esta institución a la ética profesional son: el código ético de sus miembros contenido en el documento *Standards of Practice Handbook* y las normas GIPS (*Global Investment Performance Standards*).

- El Código Ético de la Asociación Europea de Planificación Financiera (EFPA). EFPA es creada en el año 2000 como iniciativa de autorregulación de los servicios financieros. Esta entidad actúa a nivel europeo en cada país a través de distintas asociaciones independientes, agrupando a los profesionales dedicados al asesoramiento y la planificación financiera previa certificación. A nivel global, EFPA representa y defiende los intereses de los profesionales del asesoramiento y la planificación financiera. Su código ético establece los estándares de conducta personal y profesional que se espera cumplan sus miembros. Cada país establece un Comité Deontológico que se encarga de evaluar aquellos casos de incumplimiento del código ético y otros casos en los que se cuestione la conducta de sus miembros.

2. El valor del dinero en el tiempo

CAPÍTULO 2. EL VALOR DEL DINERO EN EL TIEMPO

OBJETIVOS DEL CAPÍTULO

Una vez conocido y analizado, en el capítulo anterior, el problema general de elección al que se enfrentan los individuos y las empresas al tomar las decisiones de consumo e inversión, en el presente capítulo el objetivo general será estudiar el concepto de "valor temporal del dinero" y familiarizar al alumno con los métodos básicos de capitalización y actualización, tanto de capitales como de rentas.

Asimismo, se explicarán los determinantes del nivel general de tipos de interés y las relaciones fundamentales entre los tipos de interés, la inflación y los impuestos, así como los determinantes del rendimiento de un activo financiero y la estructura temporal de los tipos de interés.

Al finalizar el tema el alumno entenderá:

- El valor decreciente del dinero en el tiempo y los conceptos de valor actual y valor futuro de una renta o un capital.
- Cómo influyen los tipos de interés y la inflación sobre las decisiones que adoptan los diversos agentes económicos.

La toma de decisiones financieras supone el intercambio de dinero en diferentes momentos de tiempo por parte de los agentes económicos. Por ejemplo, las inversiones que se acometen hoy por parte de la empresa devengarán flujos de caja en el futuro, la emisión de nueva deuda exigirá mayores desembolsos futuros en concepto de intereses periódicos y la devolución del principal de la deuda.

Tal y como hemos visto en el capítulo anterior, el intercambio de dinero hoy por dinero en el futuro implica renunciar a la disponibilidad de los capitales con la esperanza de obtener un incremento en la riqueza futura que compense al agente por dicha renuncia.

Es decir, los agentes renuncian a consumir hoy todos sus recursos para acometer inversiones ($I_0=Y_0-C_0$), con la expectativa de ver incrementado su nivel de renta y consumo futuro (Y_1, C_1). La disposición de los agentes a asignar sus recursos presentes a consumo o bien a inversión dependerá:

- De sus preferencias o necesidades individuales.

- De la tasa de transformación de inversión actual en renta futura, es decir, de la tasa de rentabilidad marginal de las inversiones y del coste de oportunidad o interés en los mercados.

A lo largo del presente capítulo estudiaremos el valor del dinero en el tiempo como una función de los tipos de interés en el mercado, así como los determinantes de los tipos de interés.

Cualquier agente económico racional ante la elección de disponibilidad inmediata o futura de un mismo capital (1.000 euros hoy o 1.000 euros dentro de un año) preferirá la disponibilidad inmediata. Sólo valoraría la disponibilidad futura si se le recompensa con un incremento en su riqueza futura (1.000 euros hoy o 1.300 euros dentro de un año).

Para poder comparar capitales expresados o referidos en diferentes momentos de tiempo definimos los conceptos de valor actual o valor futuro de un capital, capitalización simple y compuesta e interés.

2.1. El valor actual y el valor futuro de los recursos financieros.

Definimos una operación financiera como un intercambio simultáneo de capitales que se realiza entre dos agentes de acuerdo con una determinada ley financiera bajo la cual los capitales que se intercambian entre ambas partes son equivalentes.

De forma simple, el intercambio de capitales supone que un agente entrega a otro un capital (capital inicial) quedando obligado el agente que los recibe a devolver, en un determinado plazo, una cuantía (capital final) que permite devolver el capital prestado inicialmente más un importe adicional que representa la recompensa que se recibe por posponer la disponibilidad del capital hasta una fecha futura.

La recompensa que se espera obtener es el interés de la operación y supone el importe que percibirá una de las partes de la operación por haber renunciado a disponer de un capital al inicio del periodo y, que la otra parte deberá abonar por disponer de capitales ajenos durante un determinado periodo de tiempo.

Definimos capital financiero como el valor de un bien económico en el momento del tiempo en que ésta disponible. Matemáticamente un capital se representa como C_t, donde C es la cuantía o valor monetario y t es el vencimiento o momento del tiempo en que dicho capital estará disponible.

Gráficamente los capitales financieros se representan mediante un sistema de coordenadas cartesianas; en el eje de las ordenadas se representan cantidades y en el eje de las abscisas los diferentes momentos del tiempo.

En la práctica, la representación suele ser sistemática a través de un eje temporal, situando en la parte superior del eje cantidades y en la parte inferior del eje el tiempo.

Gráfico 2.1. Representación gráfica de los capitales financieros.

Sistema de coordenadas cartesianas | **Forma esquemática**

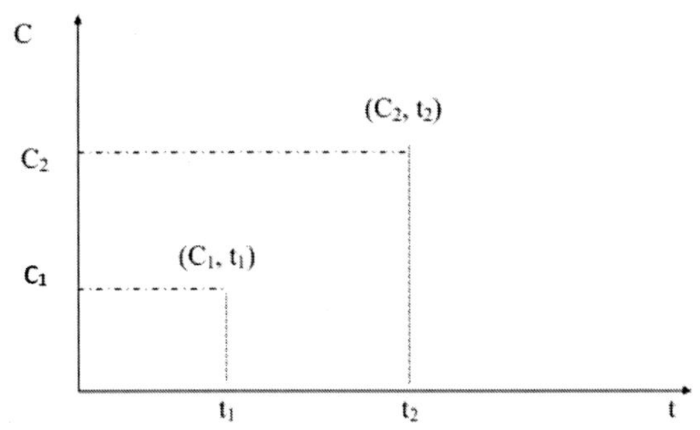

Lo que debe quedar claro es que la renuncia a disponer de una cuantía en el momento inicial (capital inicial) supone la obtención de un capital de cuantía superior en el futuro (capital final). Las leyes financieras son las expresiones o modelos matemáticos que establecen las reglas de cálculo del interés que sustentan el intercambio de capitales. Así, una ley financiera es una expresión matemática que permite obtener la cuantía de un capital financieramente equivalente en un momento futuro (t_2) al que se renuncia en el momento actual (t_1).

En la práctica, las leyes financieras pueden ser de capitalización o de descuento.

Denominamos **capitalización** a la determinación del capital equivalente en el futuro de una cantidad disponible en el momento actual, así denominamos:

C_0: capital disponible en el momento t=0
C_1: capital disponible en el momento t=1
C_n: capital disponible en el momento t=n
i: tipo de interés o tasa de intercambio correspondiente a un periodo

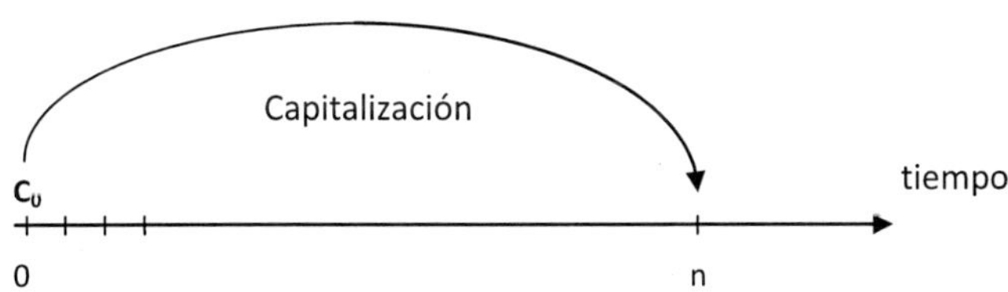

La **capitalización** puede ser:

- **Simple**: los intereses generados en cada periodo se calculan siempre sobre el capital inicial (C_0), es decir, los intereses no se acumulan al capital para generar mayores intereses. Por tanto:

$$C_1 = C_0 + C_0 \cdot i = C_0 \cdot (1 + i)$$

$$C_2 = C_0 + C_0 \cdot i + C_0 \cdot i = C_0 \cdot (1 + 2i)$$

$$C_3 = C_0 + C_0 \cdot i + C_0 \cdot i + C_0 \cdot i = C_0 \cdot (1 + 3i)$$

$$\boldsymbol{C_n = C_0 \cdot (1 + n \cdot i)}$$

- **Compuesta**: los intereses generados en cada periodo se acumulan al capital inicial para generar mayores intereses en el periodo siguiente. Por tanto:

$$C_1 = C_0 + C_0 \cdot i = C_0 \cdot (1 + i)$$

$$C_2 = C_1 + C_1 \cdot i = C_1 \cdot (1 + i) = C_0 \cdot (1 + i)^2$$

$$C_3 = C_2 + C_2 \cdot i = C_2 \cdot (1 + i) = C_0 \cdot (1 + i)^3$$

$$\boldsymbol{C_n = C_0 \cdot (1 + i)^n}$$

En capitalización compuesta los intereses generan intereses. Si comparamos los intereses obtenidos en un determinado periodo con capitalización simple y los obtenidos con capitalización compuesta para el mismo periodo se comprueba que en el primer caso éstos son constantes, mientras que en el segundo caso la cuantía es creciente, por lo que la reinversión de los intereses tiene un efecto considerable en la cuantía acumulada a medio y largo plazo. Sin embargo, en el corto plazo ambas leyes producen efectos similares, siendo los intereses generados mediante capitalización simple superiores a los obtenidos por capitalización compuesta cuando el periodo está comprendido entre 0 y 1.

Por tanto, la capitalización compuesta proporciona para periodos de capitalización superiores a un año valores finales superiores a los de la capitalización simple, y a la inversa para periodos de capitalización inferiores a un año.

Gráfico 2.2. Función capital final

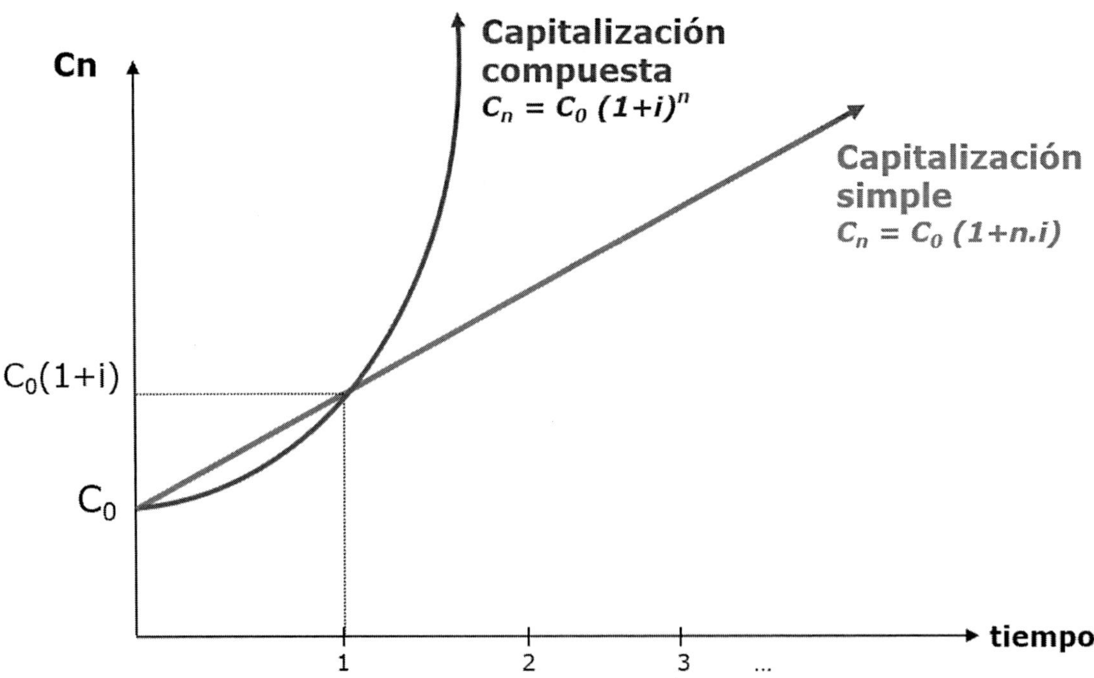

El ejemplo 2.1. muestra el efecto de las distintas leyes de capitalización sobre los intereses.

Ejemplo 2.1. Calculo de intereses con capitalización simple y con capitalización compuesta.

La tabla muestra los intereses acumulados y por periodo de un capital de 1.000 € y un tipo de interés del 5%, utilizando la ley de capitalización simple y la ley de capitalización compuesta.

Tiempo (años)	Capitalización simple		Capitalización compuesta	
	Intereses periodo	Intereses acumulados	Intereses periodo	Intereses acumulados
0,25	12,5		12,27	
0,5	12,5	25	12,42	24,7
1	25	50	25,3	50
2	50	100	52,5	102,5
3	50	150	55,13	157,63
4	50	200	57,88	215,51
5	50	250	60,77	276,28
6	50	300	63,82	340,1
7	50	350	67	407,1
8	50	400	70,36	477,46
9	50	450	73,87	551,33
10	50	500	77,56	628,89
11	50	550	81,45	710,34
12	50	600	85,52	795,86
13	50	650	89,79	885,65
14	50	700	94,28	979,93
15	50	750	99	1078,93

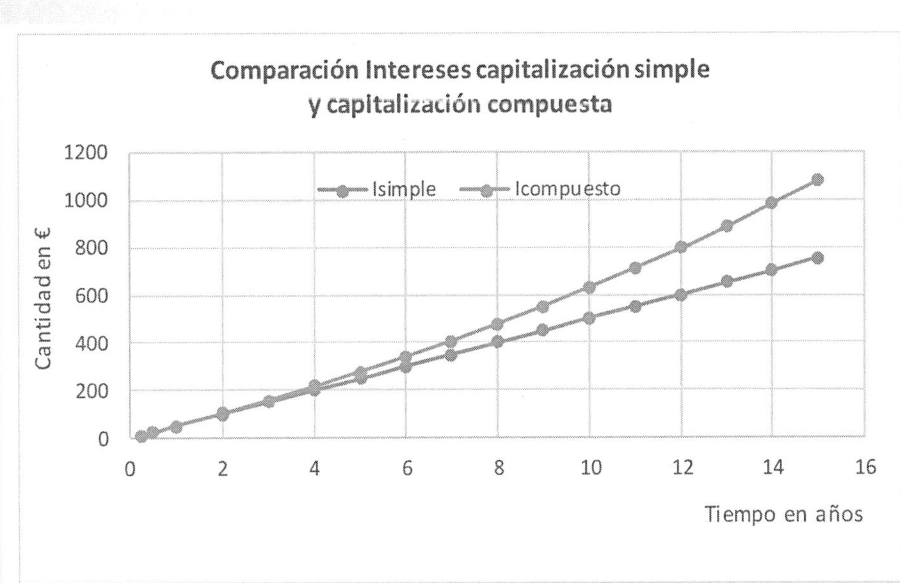

La **actualización** o **descuento** es la operación inversa a la capitalización, es decir, la determinación del valor actual o presente (C_0) que equivale a un capital disponible en un momento futuro (C_n).

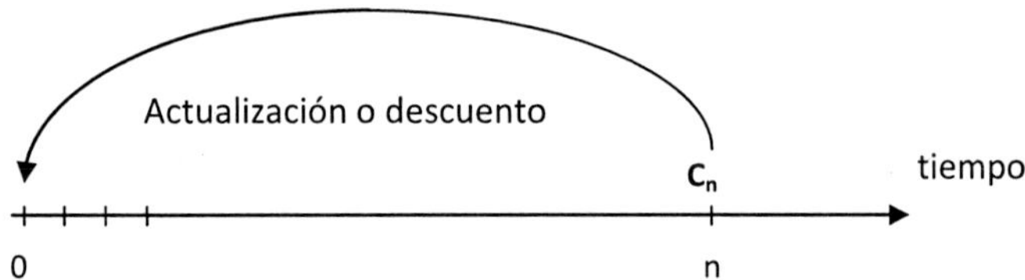

La **actualización o descuento compuesto** se obtiene, directamente, despejando C_n en la expresión de la ley de capitalización compuesta.

$$C_n = C_0(1+i)^n \rightarrow C_0 = \frac{C_n}{(1+i)^n}$$

En muchas operaciones financieras nos encontramos no con un único capital sino como varios capitales en la misma operación. Así, en una hipoteca tenemos que pagar una cuota mensual para devolver el principal y sus intereses. Si invertimos en un fondo de pensiones hacemos aportaciones periódicas que nos permitirán constituir un capital a obtener en el momento de jubilación. En estos casos nos referimos al concepto de renta financiera. Se entiende por renta financiera la serie o conjunto de capitales a pagar o recibir durante un número n de periodos de tiempo.

Existen rentas de diferentes tipos en función de las características y comportamiento de los capitales o términos que componen dichas rentas. Algunos de los tipos de renta más habituales son:

- **Temporales, vitalicias y perpetuas:** en función de su duración las rentas pueden ser temporales, si tienen una duración limitada y conocida, vitalicia si su duración se mantiene mientras viva la persona a la que está vinculada (plan de pensiones que se percibe en forma de renta cuando se jubila el beneficiario) y perpetua si su duración es ilimitada, como en el caso de algunas emisiones de renta fija como las participaciones preferentes.
- **Prepagables y pospagables:** las rentas cuyo término o capital se percibe al principio del periodo se denominan prepagables, mientras que son pospagables aquellas cuyos términos se perciben al final del periodo.
- **Constantes y variables**: en las rentas constantes los términos son iguales todos los años, mientras que en las rentas variables los términos son diferentes. En las rentas variables los términos pueden crecer o decrecer de formas diversas, aritméticamente, exponencialmente o de cualquier otra forma, pudiendo ser todos los términos diferentes.
- **Periódicas o no periódicas**: si los términos de la renta se perciben con la misma frecuencia hablamos de rentas periódicas. Cuando los términos de la renta no se perciben con la misma frecuencia la renta será no periódica. Si una empresa paga cada seis meses dividendos estaríamos ante una renta periódica, pero en el caso de que la empresa pagara un dividendo extraordinario fuera de esos plazos la renta se convertiría en no periódica.

Al considerar rentas podemos estar interesados en calcular su valor total actual o valor final en el futuro. Para todos estos tipos de renta podemos calcular su valor actual y su valor final, con la excepción del valor final de una renta perpetua que no existe.

El **valor futuro de una renta** en un momento determinado n (**V_n**) es la suma de los valores futuros, es decir, capitalizados, de cada uno de los términos que integran la renta.

Es decir:

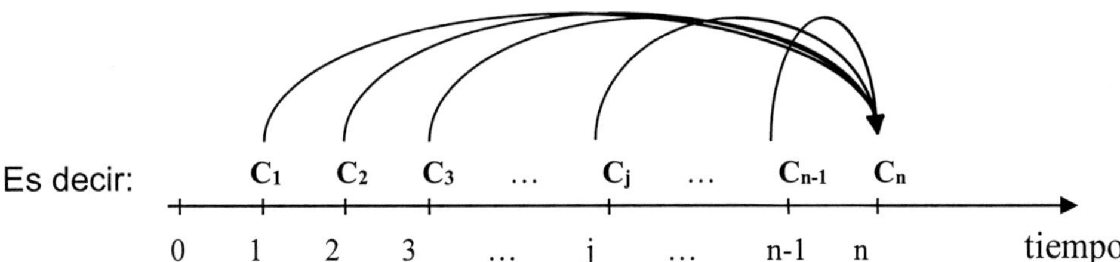

La siguiente expresión matemática se corresponde con la suma de la capitalización de todos los términos de la renta:

$$V_n = C_1(1+i)^{n-1} + C_2(1+i)^{n-2} + \cdots + C_{n-1}(1+i)^1 + C_n = \sum_{t=1}^{n} C_t\,(1+i)^t$$

El **valor actual de una renta** (**V_0**) es la suma de los valores actuales de cada uno de los capitales que integran la renta.

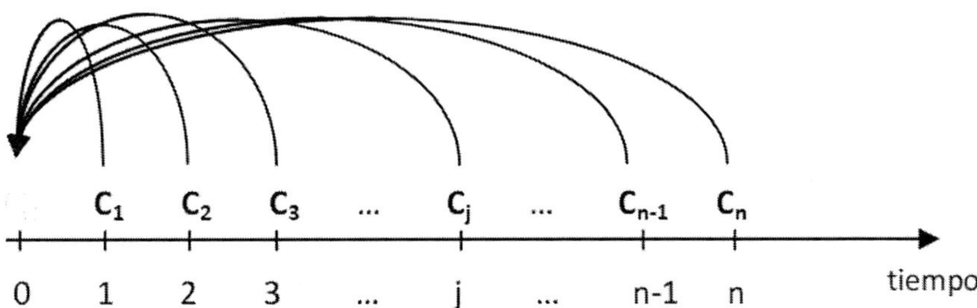

La siguiente expresión matemática se corresponde con la suma del valor actualizado de todos los términos de la renta:

$$V_0 = \frac{C_1}{(1+i)^1} + \frac{C_2}{(1+i)^2} + \cdots + \frac{C_{n-1}}{(1+i)^{n-1}} + \frac{C_n}{(1+i)^n} = \sum_{t=1}^{n} \frac{C_t}{(1+i)^t}$$

Por su empleo habitual en las operaciones de inversión y de financiación de la empresa explicamos cómo calcular el valor actual de una renta pospagable constante. Tal y como habíamos señalado, en una renta constante se cumple que todos sus términos son iguales, es decir:

$$C_1 = C_2 = \cdots = C_{n-1} = C_n = C$$

La expresión anterior se simplificaría del siguiente modo:

$$V_0 = \frac{C}{(1+i)^1} + \frac{C}{(1+i)^2} + \cdots + \frac{C}{(1+i)^{n-1}} + \frac{C}{(1+i)^n} = \sum_{t=1}^{n} \frac{C}{(1+i)^t}$$

Esta expresión es la suma de los n términos de una progresión geométrica de razón $(1+i)^{-1}$, es decir, cada término se obtiene multiplicando el anterior por $(1+i)^{-1}$. El valor total de dicha suma es igual al primer término de la renta menos el último por la razón dividido todo entre uno menos la razón, es decir:

$$V_0 = \frac{\frac{C}{(1+i)} - \frac{C}{(1+i)^n} \cdot \frac{1}{(1+i)}}{1 - \frac{1}{(1+i)}} = C\frac{1 - \frac{1}{(1+i)^n}}{i} = \boldsymbol{C} \cdot \boldsymbol{a}_{(n|i)}$$

$$\boldsymbol{a}_{(n|i)} = \frac{\mathbf{1} - (\mathbf{1} + \boldsymbol{i})^{-n}}{\boldsymbol{i}}$$

Donde $a_{(n|i)}$ es el factor de actualización de una renta constante unitaria pospagable compuesta por n términos y descontada al tipo de interés i.

2.2. Determinantes de los tipos de interés.

La rentabilidad exigida a una inversión viene determinada por el tipo de capitalización o descuento que denominamos, en términos generales, tipo de interés. Así, el tipo de interés es el precio que los ahorradores exigen para prestar sus fondos.

La teoría clásica del interés, postulada por Irwin Fisher (1930) establece que, en ausencia de inflación, **el tipo de interés (real) viene determinado por el equilibrio entre la oferta y la demanda de capital.** Es decir, el tipo de interés es el precio del dinero, que, como cualquier otro precio, se determina a través de la oferta y demanda. Si la oferta de dinero es inferior a la demanda los tipos de interés serán altos y, por el contrario, si la oferta de dinero es superior a la demanda los tipos de interés serán bajos.

La **demanda de capital** depende de las oportunidades de inversión productiva que se presentan a las empresas y de la rentabilidad de estas.

La **oferta de capital** está relacionada con la predisposición de los agentes económicos a ahorrar y poner sus recursos en manos de los demandantes de fondos para la realización de inversiones.

Gráfico 2.3. Determinación del tipo de interés de equilibrio

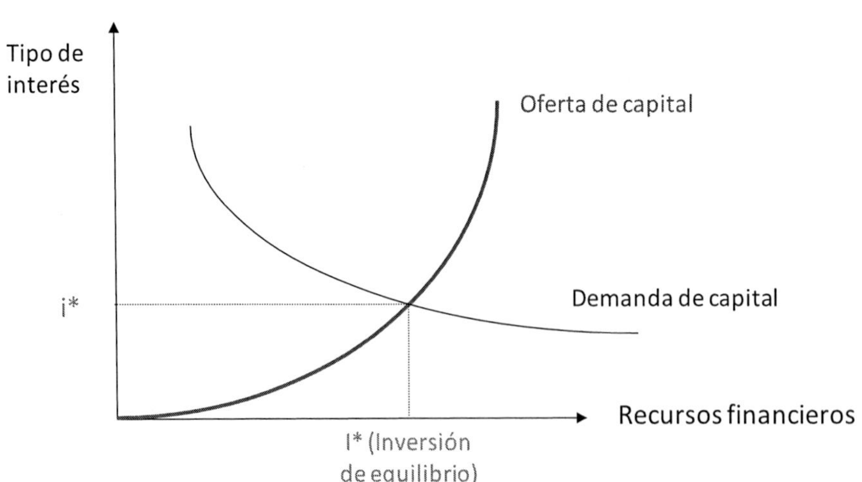

En el gráfico 2.1. se representa el tipo de interés de equilibrio que iguala la oferta y la demanda de capital, es decir, entre la cantidad de recursos financieros que los agentes demandan para acometer inversiones y la oferta de recursos financieros que los ahorradores estás dispuestos a ofrecer en el mercado.

Los cambios experimentados por el tipo de interés de equilibrio en los mercados financieros tienen su origen en las alteraciones que sufre la economía real. En la economía real, el precio de equilibrio se obtiene al igualar el coste marginal de los factores empleados en la producción de bienes y servicios con la rentabilidad o eficiencia marginal del capital. Así, por ejemplo, un cambio tecnológico puede originar un incremento importante en la rentabilidad de las inversiones reales provocando un desplazamiento hacia la derecha de la curva que representa la demanda de capital.

Este hecho se materializa en el mercado financiero aumentando las emisiones de activos financieros realizados por la empresa con el fin de captar fondos, en consecuencia, el exceso de demanda sobre la oferta de fondos provocará un incremento en el tipo de interés de equilibrio puesto que los ahorradores estarán dispuestos a ofrecer más fondos, pero a un tipo de interés mayor.

Gráfico 2.4. Determinación del tipo de interés de equilibrio: desplazamiento en la demanda

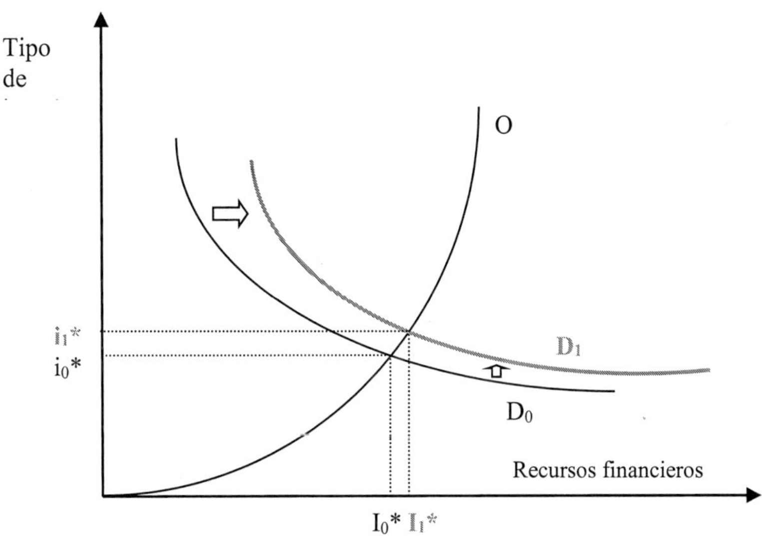

Los **tipos de interés en la economía** vienen determinados no solo por el coste de oportunidad del dinero o tipo de interés real sino también por la **inflación**.

Analizamos en el ejemplo 2.2. el efecto que la inflación tiene sobre los tipos de interés.

Ejemplo 2.2. Efecto de la inflación sobre los tipos de interés.

Cien euros invertidos en el momento actual al 10% se convertirán transcurrido un año en 110 €, lo que permitirá al inversor adquirir un 10% más de bienes que en el momento de la inversión si el precio de los productos se mantiene constante en el tiempo.

*100 * (1+0,10) = 110 €*

110/100= 1,1 → incremento de consumo 10%

¿Puede el inversor incrementar su consumo un 10% si existe inflación en la economía?

El inversor podrá adquirir un 10% más de bienes siempre que los precios de estos se mantengan constantes, es decir, la inflación anual sea del 0%.

Si suponemos una inflación del 2%, el inversor debería disponer no de 100 € sino de 102 € si quiere mantener su nivel de consumo. Dada la inflación del 2%, 100 € constantes son equivalentes a 102 € a precios corrientes. En esta situación, para que el inversor pueda ver incrementado su poder adquisitivo realmente un 10% debe invertir su dinero teniendo en cuenta la rentabilidad exigida y la pérdida de poder adquisitivo por la inflación, debiendo exigir un capital de:

*100 * (1+0,10) (1+0,02) = 112,2 €*
112,2 / 102 = 1,1 → incremento de consumo 10%

Si mantuviera su exigencia de rentabilidad en un 10%, obtendría 110 €, pero dado el nivel de precios solo incrementaría su consumo únicamente en un 7,8 %.
110 /102 = 1,078 → incremento de consumo 7,8%

Los incrementos sufridos por los índices de precios reducen el poder adquisitivo del dinero, ello supone que el rendimiento exigido por los inversores estará compuesto por el incremento deseado en su riqueza con el fin de incrementar su consumo futuro (tipo de interés real) y el incremento esperado en los precios de los bienes de consumo.

Fisher establece que, en presencia de inflación, el tipo de interés en unidades monetarias corrientes (tipo de interés libre de riesgo) representa el coste de oportunidad del dinero más la pérdida de poder adquisitivo debido a la inflación. Este tipo de interés vendrá determinado por la siguiente expresión:

$(1+i_l) = (1+i_r) * (1+f)$

i_l = tipo de interés libre de riesgo
i_r = tipo de interés real, tipo de interés en unidades monetarias constantes.
f = tasa de inflación esperada

Despejando el tipo de interés libre de riesgo será igual a:

$$i_n = i_r + f + (i_r \cdot f)$$

¿Efecto importante que debemos considerar
al establecer el tipo de interés nominal?

Observamos en la expresión anterior que el tercer sumando, en presencia de inflación y tipos de interés relativamente bajos podría ser poco relevante, pero en casos de tipos de interés altos o tasas de inflación elevadas el efecto podría ser importante.

Conocida la tasa de inflación y el tipo de interés libre de riesgo, la rentabilidad real de la inversión se obtendría de la siguiente expresión:

$$I_r = (i_l - f) / (1+f)$$

Normalmente, el tipo de interés libre de riesgo se establece a partir del ofrecido por los títulos de deuda del Estado.

Ejemplo 2.3. Efecto de la inflación sobre los tipos de interés.

El tipo de interés libre de riesgo fijado para una inversión a un año a inicios del 2023 ha sido del 10%. Suponiendo que esta inversión se ha realizado en los siguientes países, para los que se indica su tasa de inflación correspondiente a finales de dicho año, ¿cuál ha sido la rentabilidad real que obtendría el inversor dadas las tasas de inflación de cada país?

- *España: 3.3%*
- *Alemania: 7,4%*
- *Reino Unido: 10,1%*
- *Francia: 5,6%*
- *Italia: 7,7%*
- *Portugal: 7,4%*
- *Estados Unidos: 5,0%*
- *Japón: 3,3%*
- *China: 0,7%*

España → i r = (0,10 – 0,003) / (1+0,003) =0,065 → 6,5%
Alemania → i r = (0,10 – 0,0074) / (1+0,0074) = 0,024 → 2,4%
Reino Unido → i r = (0,10 – 0,0101) / (1+0,0101) = -0,001 → -0,1%
Francia → i r = (0,10 – 0,0056) / (1+0,0056) = 0,042 → 4,2%
Italia → i r = (0,10 – 0,0077) / (1+0,0077) = 0,021 → 2,1%
Portugal → i r = (0,10 – 0,0074) / (1+0,0074) = 0,024 → 2,4%
Estados Unidos → i r = (0,10 – 0,005) / (1+0,005) = 0,048 → 4,8%
Japón → i r = (0,10 – 0,0033) / (1+0,0033) = 0,065 → 6,5%
China → i r = (0,10 – 0,0007) / (1+0,0007) = 0,092 → 9,2%

Observamos que las tasas de rentabilidad real obtenidas por el inversor son diferentes en función de las tasas de inflación existentes en cada país, resultando negativa en el caso de Reino Unido cuya tasa de inflación es superior a la tasa de interés libre de riesgo fijada.

Para determinar el tipo de interés nominal de una inversión, es decir la tasa de rendimiento exigida por el inversor debemos considerar el tipo de interés libre de riesgo, la tasa de inflación prevista en la economía y también el riesgo asociado a cada inversión.

Por tanto, en toda inversión debemos tener presentes tres tipos de interés:

- Interés real, que es el tipo de interés en unidades monetarias constantes y que representa el crecimiento de poder adquisitivo del dinero.
- Interés libre de riesgo, que es el tipo de interés en unidades monetarias corrientes y que representa el coste de oportunidad del dinero más la pérdida de poder adquisitivo debido a la inflación.
- Interés nominal, que es el tipo de interés o rentabilidad exigida por el inversor a cada inversión o activo financiero dado el tipo de interés libre de riesgo de la economía y la prima de riesgo exigida en función del riesgo de la inversión o activo financiero.

En los mercados financieros se negocian una gran diversidad de activos financieros con características muy diferentes. Esta diversidad es la razón de que existan diferentes tipos de interés negociándose simultáneamente en los mercados financieros.

El rendimiento exigido por los inversores a un activo financiero vendrá dado por las características propias o específicas del activo en cuestión, destacándose las siguientes:

- La liquidez de un activo se define como la facilidad y la certeza con que éste puede convertirse en dinero sin sufrir pérdidas importantes de capital. Cuanto mayor sea la liquidez de un activo financiero menor será el rendimiento exigible al mismo (en el supuesto de que las demás características se mantienen constantes). Si un activo tiene un grado bajo de liquidez el ahorrador exigirá una "*prima por liquidez*" a la hora de determinar el rendimiento que le debería ofrecer el activo.

- El riesgo asociado con las inversiones financieras es función de la posible insolvencia del emisor del activo, se refiere así a la probabilidad de que el activo no se remunere en los términos pactados o esperados, o incluso que no se recupere la inversión inicial realizada. Cuando la solvencia del emisor está reforzada por alguna garantía, la prima por riesgo se reducirá sensiblemente, sin embargo, cuanto mayor sea el riesgo, el tipo de interés exigido por el inversor será mayor.

- El plazo de maduración o vencimiento del activo también tiene su efecto sobre el rendimiento de este. El efecto del plazo o vencimiento sobre la correspondiente prima y sobre el rendimiento final de un activo financiero dependerá de cuáles sean los tipos de interés esperados por los inversores en el futuro. Cuanto mayor sea el plazo hasta el vencimiento del activo mayor será la probabilidad de que la volatilidad en los tipos de interés afecte sensiblemente a la rentabilidad de la inversión. Dedicaremos el apartado siguiente a estudiar la estructura temporal de los tipos de interés y las pendientes de las curvas tipo–plazo.

Además de liquidez, riesgo y vencimiento, otras características de los activos financieros pueden suponer ventajas o desventajas para el inversor traduciéndose en menores o mayores primas de rentabilidad exigibles al activo, como, por ejemplo: el tratamiento fiscal, las cláusulas de amortización o rescate anticipado, la convertibilidad de los títulos, etc.

El rendimiento exigible a un activo financiero (i) dependerá del nivel general de tipos de interés, incluidas las expectativas de inflación, y del grado de riesgo asociado a las emisiones. En definitiva, el rendimiento de un activo financiero (i) se compone de los siguientes elementos:

$$i = f\ (i_r, f, l, r, v, t, ..)$$

Siendo:
i_r = tipo de interés real
f = tasa de inflación esperada
l = prima por liquidez
r = prima por riesgo
v = prima por vencimiento.

Todos estos factores hacen que cada activo financiero negociado en los mercados tenga su propia rentabilidad.

2.3. Estructura temporal de los tipos de interés.

La estructura temporal de los tipos de interés (ETTI) analiza la relación existente entre los tipos de interés al contado o tipo de interés spot[6] y los plazos de vencimiento para activos financieros que se diferencian únicamente en su periodo de vida, es decir, considerando constante la solvencia del emisor. En un momento del tiempo determinado, la ETTI se representa gráficamente mediante la curva tipo–plazo o curva cupón cero. Para obtener la ETTI directamente en el mercado han de cotizar títulos cupón cero[7] de un nivel de riesgo homogéneo en una variada gama de plazos o vencimientos. La ETTI más utilizada es la construida a partir de los activos financieros emitidos por el Estado puesto que, en condiciones normales, se supone que carecen de riesgo de insolvencia y no presentan problemas de liquidez en el mercado.

La curva que representa la ETTI puede adoptar distintas formas o relaciones entre los tipos de interés a corto y largo plazo que, en general, se aproximan a uno de los perfiles representados en las siguientes figuras:

[6] El tipo de interés al contado para un plazo (0, n) es el tanto efectivo anual que corresponde a una operación simple en la que se paga hoy un precio P_0 por un activo que se amortizará dentro de n periodos al precio P_n.
[7] Un activo financiero (título) cupón cero es aquel en el que los intereses se pagan en el momento de la amortización del título, por lo que no existen intereses periódicos. En el momento de adquisición del título se paga un precio P_0 a cambio de recibir en el momento de su amortización (t=n) un precio P_n, siendo $P_n > P_0$

Gráfico 2.5. Perfiles de la curva tipo plazo

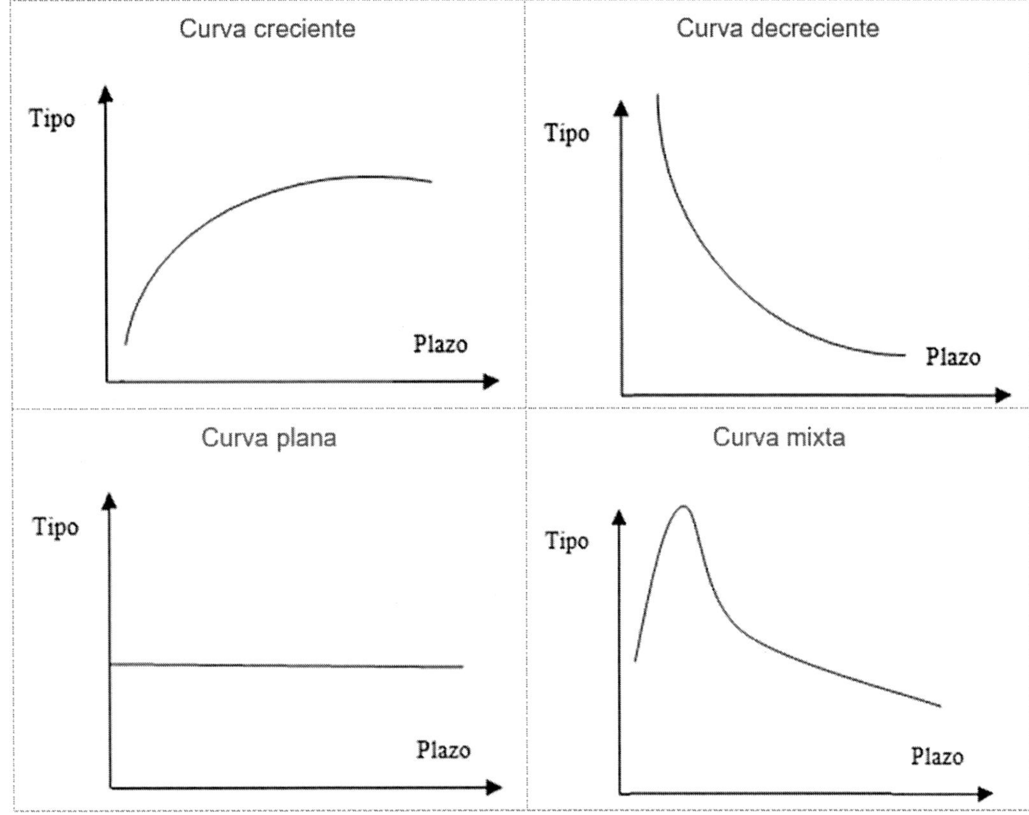

Perfiles típicos en las curvas tipo–plazo:

a) Curva creciente o estructura normal o curva positiva: los tipos de interés al contado crecen a medida que aumenta el plazo. Es la curva más habitual al ser los tipos de interés a corto plazo inferiores a los de largo plazo, como consecuencia del mayor riesgo de las inversiones a largo plazo frente a las de corto plazo.
b) Curva decreciente o estructura inversa o curva negativa: los tipos de interés al contado decrecen a medida que aumenta el plazo. Este tipo de gráfica no suele ser habitual. Según algunos autores este tipo de curva es indicativa de una próxima depresión económica.
c) Curva plana: los tipos de interés al contado son iguales para los diferentes plazos, es decir, el interés es único sea cual sea el vencimiento de los activos financieros. Una curva plana puede darse como paso intermedio entre una curva creciente y una decreciente.
d) Situación mixta: repunte de tipos a corto plazo y descenso a largo. En este tipo de curva hay plazos intermedios en los que los tipos de interés son más altos que los inmediatamente anteriores y posteriores, lo cual puede ser debido a razones fiscales, de liquidez, etc.

3. El contexto institucional de las decisiones financieras

CAPÍTULO 3. EL CONTEXTO INSTITUCIONAL DE LAS DECISIONES FINANCIERAS

OBJETIVOS DEL CAPÍTULO

El objetivo básico de este tema será conocer el entorno o sistema financiero y los aspectos institucionales que condicionan la toma de decisiones financieras en las empresas.

Se analizará el concepto de sistema financiero y sus elementos básicos.

Se presentarán e identificarán los distintos instrumentos o activos financieros utilizados por las empresas en sus decisiones financieras, así como los distintos mercados o mecanismos financieros en los que emitir y negociar dichos activos financieros, además de los intermediarios o instituciones financieras operantes en dichos mercados.

Los aspectos institucionales del sistema financiero también serán tratados dada su importancia como condicionantes de las posibilidades financieras de las empresas.

Al finalizar el tema el alumno entenderá:

- Cómo funciona el sistema financiero español y cómo se toman decisiones en los mercados financieros en relación con la estrategia financiera de la empresa.
- Cuáles son las herramientas de financiación disponibles en el mercado y sabrá utilizar las más adecuadas según el caso.
- Cuáles son los mecanismos y los intermediarios financieros existentes en el sistema financiero a la hora de tomar tanto decisiones de financiación como de inversión financiera.

3.1. El sistema financiero.

Las organizaciones en general no existen en el vacío, sino que cada organización se encuentra en un entorno particular al que se halla vinculada. Este entorno proporciona múltiples contextos que afectan a la organización y la actividad de la empresa. Así, podemos contextualizar la empresa como un sistema abierto en constante interacción con su entorno. Los resultados de las empresas dependen de un amplio conjunto de factores exógenos que son fuentes de oportunidades y amenazas. Por ello, todo esfuerzo destinado a diagnosticar y mejorar el desempeño de una organización requiere la comprensión de las fuerzas externas a la organización que pueden facilitar o inhibir ese desempeño. El entorno se compone de factores administrativos, tecnológicos, políticos, económicos, socioculturales y otros relacionados con los interesados directos.

En sentido estricto, las decisiones financieras tienen un marco más directo en el entorno o sistema financiero, constituido éste como un conjunto de mercados, activos e instituciones financieras.

Tanto a la hora de obtener recursos financieros como a la hora de realizar sus inversiones, la empresa ha de relacionarse con el entorno financiero. Así, cuando una empresa ha de tomar una decisión de inversión tiene que evaluar tanto la viabilidad del proyecto (lo cual exige conocer el coste de capital) como la posibilidad de obtener los fondos necesarios para llevarlo a cabo.

La siguiente explicación nos permite conjugar la relación entre decisiones financieras de la empresa y sistema financiero: para que una empresa pueda realizar sus inversiones precisa recursos financieros, pudiendo obtener éstos vía emisión de acciones o emisión de deuda. Para que estas emisiones tengan éxito, y por tanto la empresa obtenga los recursos que necesita, es preciso que existan ciertas entidades que se encarguen de captar el ahorro de diversos agentes económicos y lo pongan a disposición de la empresa en las condiciones que ésta lo necesita, es decir, en términos de plazo y coste adecuados. Este proceso precisa la existencia de un sistema financiero que facilite la canalización del ahorro hacia la inversión.

Así, el sistema financiero puede definirse como el conjunto de mercados, medios e instituciones, cuyo fin primordial es canalizar el ahorro que generan las unidades de gasto con superávit (UGS) hacia los prestatarios o unidades de gasto con déficit (UGD).

UGD **y** **UGS**	Las **UGD** son agentes económicos necesitados de financiación, mientras que la **UGS** son agentes con capacidad de ahorro. Ingresos > Gastos = Superávit presupuestario = Ahorro Ingresos < Gastos = Déficit presupuestario = Endeudamiento UGS y UGD pueden identificarse en la vida real con las familias, las empresas, las administraciones públicas, entidades no lucrativas, etc. Según diversas circunstancias estos agentes económicos pueden actuar como unidades deficitarias, emitiendo activos financieros, o como unidades con superávit, comprando dichos activos. Un agente económico puede actuar simultáneamente como prestatario y prestamista.

En este escenario de UGS y UGD el sistema financiero surge por dos razones:

- La no coincidencia de ahorradores e inversores, esto es, las unidades que tienen déficit son distintas de las que tienen superávit y no se conocen, es decir, a priori no es posible identificar qué agentes económicos son UGD o UGS.
- Los deseos de ahorradores e inversores no tienen por qué coincidir respecto a las características de los activos financieros emitidos al efecto de materializar la cesión de recursos financieros (vencimiento, nominal, garantías, liquidez, etc.).

El trasvase de fondos de unas economías a otras puede realizarse de dos formas:

- Financiación directa o mediación financiera: La financiación directa o mediación se caracteriza por la ausencia de transformación de activos financieros. Los activos financieros que emiten la UGD (inversores últimos) para financiarse son adquiridos por las UGS (ahorradores últimos) sin sufrir ningún tipo de transformación. No existe transformación del título al coincidir todas las características de la operación exigidas por las partes (básicamente cantidad y vencimiento).

  No obstante, en esta financiación directa pueden actuar instituciones financieras poniendo en contacto a las partes (oferentes y demandantes de recursos), es decir, desarrollando una labor de mediación.

- Financiación indirecta o intermediación financiera: La financiación indirecta o intermediación se caracteriza por la transformación de los activos financieros para adaptarlos a las necesidades y preferencias de las partes. Esta labor de transformación es llevada a cabo por los intermediarios financieros, quienes adquieren los activos financieros primarios emitidos por las UGD y emiten a su vez otros activos financieros, denominados secundarios (cuenta corriente, depósito de ahorros, depósito a plazo, etc.) que son adquiridos por las UGS permitiendo así la adecuación a las diferentes necesidades y preferencias financieras de las partes.

El grado de eficiencia alcanzado por el sistema financiero en este proceso de transferencia será tanto mayor, cuanto mayor sea el flujo de recursos de ahorro generado y dirigido hacia la inversión productiva y cuanto más se adapte a las preferencias individuales. De este modo, la eficiencia del sistema financiero contribuye de una forma esencial a la asignación eficiente de recursos dentro del sistema de la economía real o productiva.

Para que el sistema financiero sea eficiente se deben articular los mecanismos necesarios para poner en contacto a ahorradores e inversores y poder adaptar las preferencias de los distintos agentes económicos. La captación y canalización de ahorro debe realizarse bajo un marco de actuación estable a nivel monetario, financiero y político. Por ello, todo sistema financiero es objeto de regulación y supervisión por parte de las autoridades económicas, monetarias y financieras de los países, y ello con un doble objetivo:

1. Lograr la **estabilidad del sistema financiero** para asegurar el buen funcionamiento de los mercados y vigilar la solvencia de las instituciones financieras.
2. **Proteger a los consumidores** de servicios financieros, especialmente aquellos más necesitados de esa protección por no disponer de los recursos y conocimientos necesarios[8].

A modo de resumen, el funcionamiento del sistema financiero, atendiendo tanto a la forma de financiación directa como indirecta, es representado en la figura 3.1.

[8] El sector financiero se ha visto sometido en los últimos años a cambios regulatorios importantes, uno de los aspectos que ha sido objeto de gran atención por parte de los reguladores ha sido la protección de los inversores. Ver la Guía publicada por la CNMV "Sus derechos como inversor. La protección MiFID": https://www.cnmv.es/DocPortal/Publicaciones/Guias/G04_MiFID.pdf.

Figura 3.1. Funcionamiento del sistema financiero: financiación directa e indirecta.

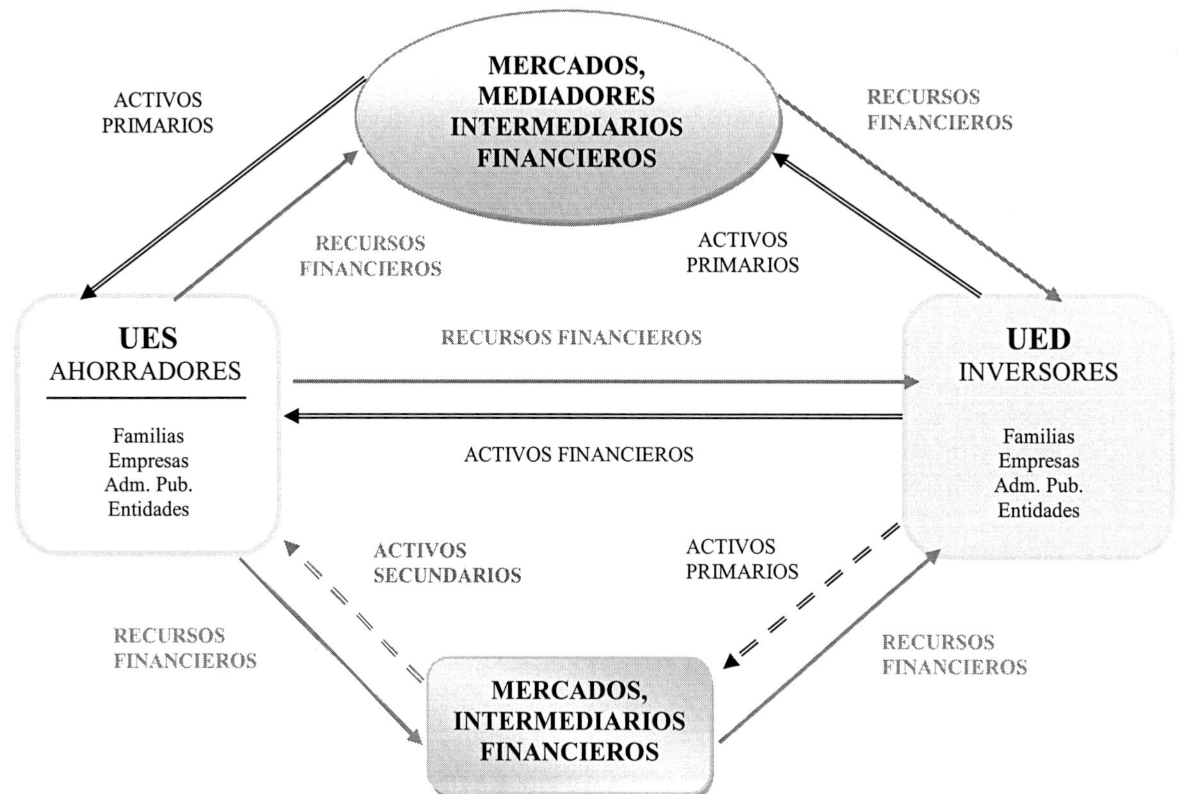

El sistema financiero de una economía se puede estudiar desde una triple óptica:

- El de las instituciones que lo forman.
- El de los medios o activos financieros que se generan.
- El de los mercados en donde se emiten y negocian.

En este sentido diremos que el grado de complejidad del sistema financiero será tanto mayor cuanto mayor sea el número de instituciones financieras interpuestas, el grado de especialización que en él exista y la variedad de mercados y de activos creados para atender las necesidades y preferencias de los agentes económicos.

3.2. Los activos financieros: concepto, características y tipos.

Un activo financiero es un título emitido por las UGD con la finalidad de obtener financiación, que constituye un medio de mantener riqueza para quienes lo poseen y un pasivo para quienes lo emiten. En comparación con los activos reales, los activos financieros tienen una naturaleza monetaria y no productiva y conllevan obligaciones para su emisor, es decir, son un pasivo, en cambio los activos reales no son un pasivo.

Los activos financieros cumplen dos funciones esenciales, ya que son instrumentos que permiten:

- La transferencia de fondos entre agentes económicos.
- La transferencia de riesgo entre estos agentes, puesto que el emisor del título transfiere al adquirente una parte del riesgo de su inversión.

Cualquier transmisión de activos financieros origina una transferencia de fondos desde el agente económico que los adquiere al que los vende, bien sea éste el emisor o simplemente el último tenedor de dichos activos. Se configuran, así como medios para canalizar el ahorro generado por las unidades económicas con superávit. Este proceso de transferencia de recursos conlleva también, tal y como hemos señalado, la transferencia de riesgos, dado que es posible que el activo financiero pueda no ser remunerado en los términos o condiciones esperadas.

Al adquirir un activo financiero, el tenedor de éste compra unos derechos determinados sobre la corriente futura de ingresos del emisor, pero dicha corriente es por definición incierta. Así, por ejemplo, si un inversor compra obligaciones (activo de renta fija) de una determinada compañía, asume una parte del riesgo de las inversiones de carácter real que va a realizar esa empresa. A pesar de que las obligaciones son títulos de renta fija, existe un evidente riesgo de impago, tanto del principal de la deuda como de los intereses, dependiendo este riesgo de la solvencia del emisor. Este riesgo de impago o insolvencia es tenido en cuenta por las agencias de rating o de calificación de títulos cuando establecen el grado de bondad de las emisiones en los mercados de capitales.

Por otra parte, la transmisión de riesgos mediante la emisión de activos financieros puede ser un efecto deliberadamente buscado por el emisor de los títulos, por lo que, aun disponiendo de recursos financieros suficientes, prefiere acudir al mercado a compartir riesgos.

3.2.1. *Características de los activos financieros.*

Las características básicas de los activos financieros son rentabilidad, liquidez y riesgo. Las tres pueden darse en distinto grado, siendo dichos grados los que sirven para clasificar los distintos activos y los que se usan por los adquirentes como guía para la ordenación de su cartera y patrimonio. El significado de cada una de estas características es el siguiente:

- **Liquidez**: en términos generales la liquidez es la facilidad de realización o conversión de un activo a corto plazo en dinero. De forma estricta se considera que dicha conversión no implique pérdidas significativas de valor. Los activos financieros que cotizan en los mercados pueden variar su precio, por lo que no posible garantizar que al vender un activo financiero se sufra una pérdida. Dado que la realización de un activo implica su conversión en cualquier otro, el dinero sería el activo plenamente líquido de la economía, ocupando el extremo opuesto, se encontrarían los activos reales.
- **Riesgo**: depende de la probabilidad de que el activo financiero no genere las rentas esperadas, ya sean estas superiores o inferiores. Lógicamente, el riesgo que preocupa a los inversores, y que éstos tratarán de reducir o eliminar es la posibilidad de que la rentabilidad sea inferior a la inicialmente prevista. De forma genérica, podemos identificar dos clases de riesgo, un riesgo específico que depende de las características del propio activo y de las características del emisor (sector o actividad productiva, solvencia, etc...), a este riesgo se le denomina riesgo no sistemático o diversificable. Y un riesgo sistémico o de mercado (no diversificable), consecuencia de factores de coyuntura económica general, que inciden sobre el comportamiento de los precios en el mercado. Un activo financiero puede incorporar distintos tipos: riesgo de crédito, riesgo de mercado, riesgo de liquidez, riesgo operacional y riesgo legal. Son destacables los siguientes riesgos:
    - El riesgo de crédito está relacionado con la probabilidad de que el emisor del activo financiero no pueda hacer frente a los compromisos financieros que ha asumido al emitir dicho activo. Por tanto, este riesgo está relacionado con la solvencia del emisor y las garantías asociadas al activo. Así cuanto mayor sea la

solvencia del emisor menor será el riesgo de crédito del activo. El diferencial de los tipos de interés de las deudas emitidas por los países de la UE es un buen ejemplo para entender la relación entre riesgo y solvencia del emisor. El diferencial entre el tipo de interés que los inversores exigen por un bono a 10 años emitido por España respecto al emitido por Alemania es lo que se conoce como prima de riesgo de España, riesgo país o riesgo soberano. Cuanto mayor es el riesgo de un país mayor deberá ser la remuneración que se ofrezca por la deuda de dicho país. Por otra parte, hay activos financieros que presentan menor riesgo como consecuencia de estar garantizados. Los créditos hipotecarios representan un ejemplo muy conocido de activo garantizado. El emisor garantiza el cumplimiento de sus obligaciones mediante un bien inmueble.

Este riesgo de crédito es evaluado por las denominadas agencias de calificación o rating, que son agencias especializadas en el análisis de la calidad crediticia y fortaleza financiera de los emisores de activos de renta fija, ya sean entidades públicas o empresas privadas. En el caso de la renta fija privada se hacen calificaciones sobre la solvencia del emisor y/o sobre sus distintas emisiones. Otras veces se califica una emisión para que dicha emisión pueda ofrecer garantías adicionales, como ocurre en el caso de las denominadas titulizaciones de activos. Estas agencias analizan y valoran la capacidad de estos emisores para generar beneficios futuros con los que poder atender los compromisos de pago adquiridos al emitir los activos, otorgando unas calificaciones o ratings generalmente expresados con códigos alfabéticos. La calificación crediticia del emisor de los activos será mayor cuanto menor sea el riesgo de impago estimado, lo que da idea de la seguridad del activo. No obstante, debe tenerse en cuenta que estas valoraciones no suponen, en ningún caso, recomendaciones de compra o de venta de los activos. Por otra parte, las calificaciones no son estables, pueden ser revisadas, suspendidas o retiradas en cualquier momento por parte de la agencia de calificación.

- El riesgo de mercado o riesgo de precio es el derivado de las fluctuaciones de los precios de los activos financieros en los mercados en los que éstos se negocian. El precio de los activos financieros depende de la oferta y la demanda que exista en cada momento, por lo que el precio o cotización de un activo no suele coincidir con el precio de adquisición. Así, el riesgo de mercado se puede definir como la posibilidad de que el inversor sufra pérdidas al vender un activo financiero debido a las variaciones en los precios de mercado. Estas variaciones en los precios pueden ser consecuencia tanto de factores específicos del título o su emisor (riesgo específico) como de factores que afecten a los precios de los activos en los mercados, tales como la situación económica, noticias políticas, etc. (riesgo sistémico).
- El riesgo de tipos de interés es aquel que se deriva de las variaciones en los tipos de interés. Este riesgo afecta principalmente a los activos de renta fija.
- El riesgo derivado de las fluctuaciones en los tipos de cambio de las divisas se denomina riesgo de cambio. Tienen riesgo de cambio aquellos activos denominados en distintas monedas en relación con la moneda nacional del inversor.
- Riesgo de inflación es el riesgo de perder poder adquisitivo, al no obtener un rendimiento nominal superior a la tasa de inflación de la economía.
- El riesgo operativo o de procedimiento es aquel derivado de la posibilidad de cometer errores al transmitir las órdenes de compra o venta de los activos a los mediadores financieros.

Una adecuada diversificación es importante para gestionar los riesgos de los activos financieros. Cuando un inversor invierte sus fondos en un único activo o tipo de activo (por ejemplo, en acciones de una sola empresa o en distintas acciones de empresas de un único sector), está asumiendo un riesgo de concentración que puede evitar a través de lo que se conoce como diversificación. Diversificar consiste en mantener carteras de activos de distintos niveles de riesgo y rentabilidad pertenecientes a distintos sectores, de distintos plazos, distintas divisas, distintas zonas geográficas, etc.

- **Rentabilidad**: se refiere a la capacidad del activo para producir intereses u otros rendimientos (de tipo fiscal, por ejemplo) al adquirente, como pago por su cesión temporal de capacidad de compra y de su asunción también temporal, de riesgo. Se entiende que la rentabilidad de una inversión financiera es una especie de recompensa al tenedor de los activos, y ello no sólo por renunciar a la liquidez, sino también porque el tenedor soporta el riesgo de que el emisor de los títulos no pueda cumplir con las condiciones de la emisión, en concreto, no devolver el dinero cuando llegue el vencimiento. El tipo de activo financiero condiciona el tipo y la forma de obtener la rentabilidad, así, por ejemplo, en el caso de las acciones la rentabilidad del accionista se obtendrá principalmente a través de dividendos y de plusvalías por la revalorización del precio en el mercado, mientras que en el caso de un bono del Estado la rentabilidad se obtiene a través de los intereses periódicos y la variación en el precio en el mercado.

Definidas liquidez, riesgo y rentabilidad de un activo como las características más importantes del mismo, cabe ahora preguntarse por la relación que existe entre ellas. En este sentido, existe una relación directa entre estas tres características. En general, un activo es tanto más rentable cuanto menor es su liquidez y cuanto mayor es su riesgo. Cuanto mayor sea el riesgo de incumplimiento (por parte del emisor) más alta será la tasa de interés que pida el comprador para compensarse de la mayor probabilidad de pérdida temporal o permanente de su poder adquisitivo nominal.

Podemos establecer que la rentabilidad de un activo financiero es función de la liquidez y el riesgo:

$$R = F(L, r)$$

$\frac{\delta R}{\delta L} < 0$	Un signo de la derivada parcial respecto de la liquidez menor que 0, significa que la rentabilidad es función decreciente de la liquidez, es decir, a menor nivel de esta mayor será el rendimiento exigido.
$\frac{\delta R}{\delta r} > 0$	Un signo de la derivada parcial respecto del riesgo mayor que 0, significa que la rentabilidad es función creciente del riesgo, a mayor valor de éste, mayor será el rendimiento exigible en el mercado.

3.2.2. Tipos de activos financieros.

El constante proceso de innovación financiera hace que se creen y desaparezcan activos con relativa frecuencia o que se modifiquen las características de los existentes. Para la clasificación de los activos financieros se pueden utilizar distintos criterios. Algunas de las clasificaciones más habituales son:

➪ Según el **tipo de rentas que genera el activo** podemos distinguir entre:

- Activos financieros de renta fija: son aquellos que ofrecen un rendimiento establecido contractualmente en el momento de la emisión. Son ejemplos de activos de renta fija las obligaciones, los bonos o los depósitos bancarios, entre otros.

- Activos financieros de renta variable: el rendimiento de estos activos no es fijado contractualmente. En los activos de renta variable no está garantizada la rentabilidad ni tampoco el capital invertido, siendo posible perder la inversión realizada. La rentabilidad de estos activos depende de diferentes factores como los resultados de la entidad emisora o la situación económica del mercado donde se opera. Las acciones son el principal ejemplo de este tipo de activos.

↳ Según la **naturaleza del emisor** nos encontramos con:

- Activos financieros públicos[9]: son aquellos emitidos por las administraciones públicas (estatal, comunidades autónomas y ayuntamientos), organismos y empresas públicos con el fin de financiar sus actividades.
- Activos financieros privados: son aquellos emitidos por entidades privadas, ya sean empresas financieras o no financieras[10].

↳ Según el **grado de** liquidez del activo, en orden decreciente, es decir de mayor a menor liquidez, podemos distinguir:

- Monedas y billetes: se trata de los activos más líquidos puesto que son dinero. Constituyen un activo para quienes lo poseen y un pasivo para la institución emisora: el Banco de España es el emisor de billetes de curso legal y moneda metálica.
- Depósitos a la vista: Depósitos de ahorro (cuentas de ahorro) y depósitos a plazo (imposiciones a plazo fijo): pasivos emitidos por las entidades del sistema bancario a través de los cuales captan los fondos necesarios para su actividad.
- Letras del Tesoro: activos públicos a corto plazo emitidos por el Estado.
- Títulos hipotecarios: cédulas, bonos y participaciones vinculadas a créditos hipotecarios que otorgan un derecho de crédito frente a la entidad emisora.
- Pagarés bancarios y de empresa: emitidos por las entidades bancarias o por las empresas privadas, tratándose de una promesa de pago respaldado sobre la solvencia del emisor y sobre la de un tercero que se compromete a abonar el importe en caso de insolvencia.
- Deuda pública a largo plazo: activos financieros emitidos por las Administraciones públicas a largo plazo.
- Obligaciones: títulos de crédito emitidos por empresas privadas como modo de captar el ahorro y financiar sus actividades, conformándose como la parte alícuota de un préstamo, representada en un título, y que confiere a su propietario la calidad de prestamista, con derecho a percibir la devolución del principal más otra parte en concepto de intereses.
- Acciones: parte alícuota o cuota de participación en el capital social de una sociedad anónima, y el que aportan los socios no colectivos de una sociedad comanditaria por acciones.
- Pólizas de seguro: emitidas por las entidades aseguradoras, se trata del documento donde se instrumenta el contrato de seguro, donde se reflejan las normas que van a regular las obligaciones contractuales de las partes.
- Préstamos con/sin garantía real: se trata de la entrega de una cosa fungible o no que una persona hace a otra con la obligación, por parte del receptor, de devolverla pasado un tiempo.

---

[10] Ver www.tesoro.es para saber más de los activos financieros públicos.

- Crédito comercial: las compras de bienes o servicios se realizan a crédito, es decir, el pago se realiza en un plazo acordado que puede variar desde unos pocos días hasta varios meses.

↳ En función de la **negociabilidad** podemos distinguir entre:

- Activos financieros negociables: son aquellos que se emiten de forma normalizada para facilitar su negociación y satisfacer las necesidades de una amplia gama de inversores (bonos, acciones, etc.). A su vez estos títulos negociables pueden ser susceptibles de otras clasificaciones en función de su valor nominal, su vencimiento, tipo de derecho del emisor (derechos como accionistas o como acreedores), garantías ofrecidas (títulos amparados por garantías reales), tipo de cupón (fijo o variable), etc.
- Activos financieros no negociables: no están estandarizados y rara vez cambiarán de propietario antes de su vencimiento (préstamos con y sin garantías, crédito comercial, etc.).

↳ En función de su **complejidad** distinguimos[11]:

- Activos financieros no complejos: son aquellos que cumplen las siguientes características:
    - Se pueden reembolsar de forma frecuente a precios conocidos por el público. Con carácter general, siempre es fácil conocer su valor en cualquier momento y hacerlos efectivos.
    - El inversor no puede perder un importe superior a su coste de adquisición, es decir, no puede perder más de su inversión inicial.
    - Existe información pública, completa y comprensible para el inversor minorista sobre las características del producto.
    - No son productos derivados.
    - No incorporan cláusulas o condiciones que podrían alterar el riesgo de la inversión o el perfil de pagos, como ocurre por ejemplo en el caso de los bonos convertibles en acciones.
    - No incluyen ningún coste de salida que provoque que al inversor no le compense vender el producto.

  La normativa financiera aplicable en nuestro país establece que son productos no complejos:

    - Acciones cotizadas en mercados regulados.
    - Letras del Tesoro, bonos y obligaciones del Estado.
    - Pagarés, bonos y obligaciones emitidas por administraciones públicas, empresas o fondos de titulización.
    - Fondos de inversión ordinarios.
- Activos financieros complejos: los activos que no cumplen todas o alguna de las características señaladas para los productos no completos tendrán la consideración de activos financieros complejos. Estos activos pueden suponer un mayor riesgo

[11] La normativa plantea que los activos financieros se clasifiquen, con objeto de mejorar los mecanismos de protección del inversor, según su grado de complejidad. Así, las obligaciones de evaluación de la adecuación de productos financieros según el perfil de los clientes serán diferentes según se trate de informar o asesorar sobre productos no complejos o productos complejos.

para el inversor, suelen tener menor liquidez y, en consecuencia, es más difícil entender sus características y su riesgo, fundamentalmente para inversores con pocos conocimientos financieros. Tienen la condición de activos financieros complejos los siguientes:

- Derivados: futuros, opciones, warrants, turbo warrants, etc.
- Contratos por diferencias (CFDs).
- Fondos de inversión libre (*Hedge Funds*).
- Permutas financieras (Swaps).

La tabla 3.1. muestra, a modo de resumen, las distintas clasificaciones de los activos financieros vistas.

Tabla 3.1. Clasificaciones de los activos financieros.

CRITERIO DE CLASIFICACIÓN	TIPOS
Tipo de rentas que genera	• Activos financieros de renta fija • Activos financieros de renta variable
Naturaleza del emisor	• Activos financieros públicos • Activos financieros privados
Grado de liquidez	• Dinero legal: monedas y billetes. • Depósitos a la vista. • Depósitos de ahorro (cuentas de ahorro). • Depósitos a plazo (imposiciones a plazo fijo). • Certificados de depósitos. • Letras del Tesoro. • Bonos de caja y tesorería. • Títulos hipotecarios. • Pagarés bancarios y de empresa. • Deuda pública a largo plazo. • Obligaciones. • Acciones. • Pólizas de seguro. • Préstamos con/sin garantía real. • Crédito comercial.
Negociabilidad	• Activos financieros negociables • Activos financieros no negociables
Complejidad	• Activos financieros no complejos • Activos financieros complejos

El conjunto de activos financieros negociables en los mercados financieros en nuestro país se muestra en la siguiente figura.

Figura 3.2. Activos financieros negociados en los mercados financieros españoles.

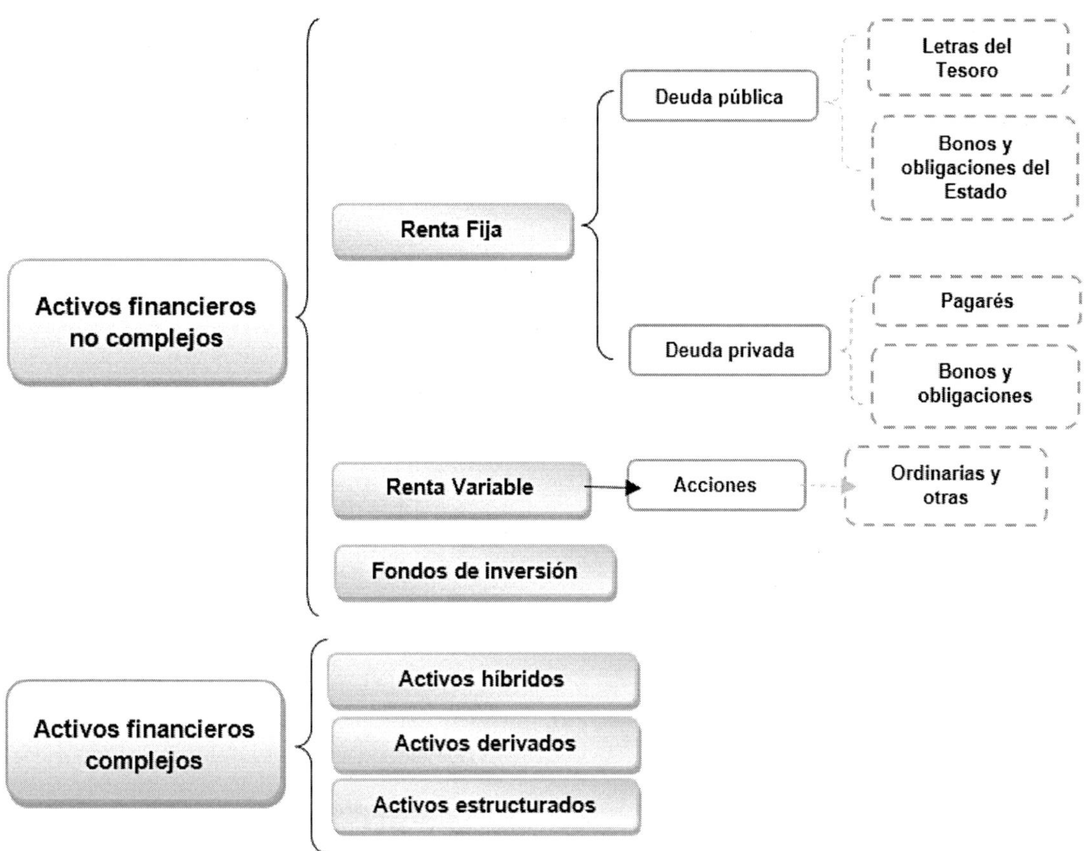

3.3. Los mercados financieros: concepto, características y tipos.

Se entiende por mercado financiero el mecanismo o lugar a través del cual se produce un intercambio de activos financieros y se determinan sus precios.

Un mercado financiero no exige la existencia de un espacio físico concreto en el que se realicen dichos intercambios, el contacto entre los agentes puede realizarse de diversas formas. El gran desarrollo de las tecnologías de la información y de la comunicación (TIC) en los años 90 supuso una gran revolución en los modos y formas de negociación en los mercados financieros. Así, los sistemas electrónicos de telecomunicaciones son los soportes de las transacciones de activos financieros a lo largo de todo el mundo. También es irrelevante si el precio se determina o no como consecuencia de una oferta o demanda conocida. En el caso de las subastas, por ejemplo, es el emisor, el que fija el precio del activo o título que lanza al mercado, de acuerdo con las condiciones generales existentes en el mismo, y es el mercado, con una demanda suficiente o insuficiente para dicho título, el que se encarga de señalar si el precio y demás condiciones han sido apropiados.

De la definición, se deduce que las funciones principales que cumplen los mercados financieros son:

- Poner en contacto a los agentes que intervienen en los mismos: oferentes, demandantes y mediadores o intermediarios financieros.
- Ser un mecanismo apropiado para la fijación del precio de los activos. Esto se produce sobre todo en los mercados de negociación.
- Proporcionar liquidez a los activos. Son los mercados secundarios los que facilitan la conversión de los activos en dinero líquido sin pérdida de valor.
- Reducir los plazos y los costes de intermediación. Los mercados contribuyen a reducir los costes de operación para los intermediarios, así como los plazos de intermediación, es decir, el periodo de tiempo que media desde el momento que la operación se acuerda hasta que queda liquidada totalmente (mercados ágiles).

3.3.1. Características de los mercados financieros.

Las características que todo mercado financiero debe tener son:

- Amplitud
- Transparencia
- Libertad
- Profundidad
- Flexibilidad

Un mercado financiero tiene **amplitud** cuando dispone de un volumen suficiente de activos financieros negociados en él. Por tanto, un mercado es más amplio cuanto mayor es el volumen de activos que en él se intercambian. Ello permite una más rápida estabilización del precio de los activos, y, por tanto, de los tipos de interés del sistema. Un mercado amplio permite, además, la satisfacción de los deseos de los oferentes y demandantes potenciales, al proporcionar una gama de activos variada y acorde con las necesidades de estos.

La **transparencia** hace referencia a la facilidad con la que los inversores pueden acceder a información relevante para la toma de decisiones. Así, un mercado es tanto más transparente cuanto mejor y más barata de obtener resulta la información que pueden lograr los agentes económicos que participan en él. Esta característica se encuentra en íntima relación con el grado de integración del mercado, esto es, con la ausencia de compartimentos estancos, y, por tanto, con la ausencia de fragmentación. Es decir, la información privilegiada rompe la pretendida transparencia del mercado. La información privilegiada (*insider trading*) viene definida en la legislación española como toda información de carácter concreto que se refiera a uno o varios valores y a uno o varios emisores de valores, que no se haya hecho pública y que, de hacerse o haberse hecho pública, podría influir o hubiera influido de manera apreciable sobre la cotización de los valores (artículo 81 de la Ley 24/1988, de 29 de julio, del Mercado de Valores, modificado por la Ley 37/1998, de 16 de noviembre y artículos 278 y siguientes de la Ley Orgánica 10/1995, de 23 de noviembre, del Código Penal).

La **libertad** de un mercado financiero viene determinada por la no existencia de limitaciones para el acceso a él como comprador o vendedor, lo que determina su grado de apertura, y por la no injerencia de las autoridades monetarias o económicas en la libre formación del precio de los activos. Es decir, un mercado libre no ha de presentar barreras de entrada o salida, no debe poner límites a los volúmenes de negociación y los precios deben formarse por el juego de oferta y demanda, sin influencias monopolísticas o de las autoridades.

La **profundidad** hace referencia al número de órdenes de compra y de venta existentes en el mercado. En consecuencia, un mercado es tanto más profundo cuanto mayor es el número de órdenes de compra y venta que existen para cada tipo de activo. Obviamente, esta característica está en relación con la anterior, puesto que cuanto más libre sea el mercado y cuanto menor su fragmentación mayor será su grado de profundidad. Cuanto mayor sea el número de demandantes y oferentes más profundo será el mercado y menores oscilaciones se producirán en los precios o cotizaciones. Un ejemplo de profundidad sería la Bolsa de valores.

La **flexibilidad** hace referencia a la rapidez con la que compradores y vendedores reaccionan ante cambios en las condiciones del mercado. Por tanto, un mercado es tanto más flexible cuanta más facilidad exista para la rápida reacción de los agentes ante la aparición de cambio en los precios de los activos u otras condiciones de mercado.

Estas características acercan un mercado financiero al ideal de mercado perfecto de acuerdo con la teoría económica. Para lograr el funcionamiento más eficiente de los mercados se deberían cumplir en su grado máximo estas características. Cuando un mercado es más amplio, más profundo y flexible suele ser también un mercado transparente y libre. El rasgo que más importancia tiene a la hora de evaluar la perfección de un mercado financiero es el concepto de eficiencia.

Un mercado eficiente es, en efecto, un mercado en el que existe movilidad perfecta de los factores; los compradores y vendedores conocen todas las ofertas y demanda y demás condiciones del mercado; todos los agentes que lo deseen pueden participar libremente, y los precios se fijan en función de la oferta y la demanda, sin intervenciones ajenas que desvirtúen su libre formación, los precios reflejan toda la información relevante disponible y el ajuste a nueva información es instantáneo. La teoría del mercado eficiente afirma que los precios que rigen en los mercados descuentan automáticamente toda nueva información que llega al mercado y que pueda repercutir en el mismo. De esta forma, el nivel de eficiencia de un mercado se define por la relación existente entre precios e información, distinguiéndose tres diferentes niveles de eficiencia:

- Eficiencia débil: los sucesivos cambios en los precios de los activos son independientes. Los precios reflejarían plenamente la información contenida en las cotizaciones pasadas y, por tanto, analizando las pautas seguidas por dichas cotizaciones no se podría derivar ninguna regla que permitiese obtener beneficios extraordinarios en el futuro.
- Eficiencia media o semifuerte: Las cotizaciones de los títulos reflejan, no sólo datos históricos, sino también toda información pública disponible que afecte al valor intrínseco de dichos títulos. No es posible predecir en ningún caso la futura evolución del precio de los títulos ni obtener un beneficio extraordinario, mayor que el del mercado, mediante el análisis de los estados contables u otra información financiera disponible sobre las empresas.
- Eficiencia fuerte: Todo tipo de información pública o privada se refleja plenamente en los precios de mercado. Por tanto, no es posible obtener un beneficio superior al del mercado mediante la utilización de información privilegiada, puesto que ésta no existiría.

3.3.2. Clasificación de los mercados financieros.

Existen muchos criterios a la hora de clasificar los mercados financieros, explicaremos a continuación las clasificaciones más habituales.

↳ Por su **forma de funcionamiento** podemos distinguir:

- Mercado directo: es aquel en el que las transacciones de activos financieros se realizan directamente entre los demandantes últimos de financiación y los oferentes últimos de los fondos. El mercado entre público general y los intermediarios bancarios es un ejemplo: créditos, depósitos a la vista, a plazo, etc. Dentro de los mercados directos también podemos diferenciar dos tipos de mercados.

- ➡ Mercado directo de búsqueda directa si los agentes, compradores y vendedores se encargan por si mismos de buscar su contrapartida.
- ➡ Mercado directo con intervención de agentes mediadores.

- Mercados intermediados: son aquellos en que al menos uno de los participantes en cada operación de compra o venta de activos es un intermediario financiero, realizando funciones de intermediación. Los intermediarios financieros tienen como objetivo facilitar el intercambio de activos.

↬ Según la **fase de negociación de los activos** financieros distinguimos:

- Mercados primarios: son aquellos en los que los activos financieros intercambiados son de nueva creación. Esto significa que un título sólo puede ser objeto de negociación una vez en un mercado primario, en el momento de su emisión.
- Mercados secundarios: se intercambian activos financieros ya existentes, cambiando la titularidad de estos. Obviamente el mercado secundario no supone la existencia de nueva financiación, pero ello no significa que carezcan de importancia, ya que proporcionan liquidez a los activos.

  Un activo financiero pasa a negociarse en el mercado secundario una vez que ha sido emitido. Así, por ejemplo, en una ampliación de capital de una empresa las acciones emitidas son vendidas en el mercado primario. La posterior venta de estas acciones por su titular en Bolsa a otro comprador se realizaría en el mercado secundario.

↬ En función del **grado de formalización del mercado** podemos hablar de:

- Mercado organizado: es aquel en que se comercia con muchos títulos de forma simultánea en un solo lugar, generalmente y bajo una serie específica de normas y reglamentos. Son ejemplos de mercados organizados: la Bolsa de Valores, mercado de divisas y el interbancario. El mercado organizado por excelencia es la Bolsa de Valores, las transacciones se llevan a cabo con la intervención de agentes oficiales y existen unas reglas precisas respecto a la forma de llevar a cabo los intercambios, fijar las cotizaciones, inscribir los títulos, etc.
- Mercado no organizado (*over the counter*, OTC): es aquel en que, sin sometimiento a una reglamentación estricta, la transacción de activos se lleva a cabo de acuerdo con las partes que intervienen en la operación. No se requiere definir el lugar donde tiene lugar la transacción. Normalmente, las operaciones en los mercados OTC son de mayor envergadura que en los mercados organizados.

↬ En función de las **operaciones que se realizan** en el mercado diferenciamos:

- Mercados de contado o spot: son aquellos en los que se realizan operaciones de contado, es decir, el intercambio de activos se realiza en un mismo momento o momentos muy cercanos en el tiempo.
- Mercados de derivados: en estos mercados se contratan operaciones a plazo, como por ejemplo futuros u opciones. En estos mercados las condiciones se fijan en un momento del tiempo, pero el intercambio se produce en un momento futuro diferente.

↬ Según las **características de los activos** (liquidez, rentabilidad, riesgo y negociabilidad) distinguimos:

- **Mercados monetarios:** se caracterizan porque en ellos se negocian activos a corto plazo, de reducido riesgo, gran liquidez y poca rentabilidad. El mercado de letras del Tesoro es un ejemplo de mercado monetario. Lo que no se encuentra tan claro en lo referente a los activos que se negocian en estos mercados es la línea divisoria entre el corto y el largo plazo, puesto que en estos mercados también se contratan incluso títulos a tres o cinco años, por lo que en última instancia son las características de elevada liquidez y bajo riesgo las que diferencian este mercado.
- **Mercados de capitales** se caracterizan porque en ellos se emiten o negocian activos a medio y largo plazo, de mayor riesgo, menos líquidos y por tanto de mayor rentabilidad. Dentro del mercado de capitales podemos distinguir:
    - ➡ Mercado de valores: se divide a su vez en mercado de renta fija y mercado de renta variable.
    - ➡ Mercado de préstamos y créditos.

La tabla 3.2. muestra, a modo de resumen, las distintas clasificaciones de los mercados financieros vistas.

Tabla 3.2. Clasificaciones de los mercados financieros.

CRITERIO DE CLASIFICACIÓN	TIPOS
Forma de funcionamiento	• Mercados directos • Mercados intermediados
Fase de negociación	• Mercados primarios • Mercados secundarios: Oficiales y no oficiales
Grado de formalización	• Mercados organizados • Mercados no organizados
Operaciones	• Mercados de contado o spot • Mercados de derivados
Características de los activos: liquidez, rentabilidad y negociabilidad	• Mercados monetarios • Mercados de capitales: o Mercados negociables: Mercados de valores: ▪ Mercados de renta fija ▪ Mercados de renta variable o Mercados no negociables: Mercado de créditos

3.4. Intermediarios e instituciones financieras.

Los intermediarios financieros son el conjunto de instituciones especializadas en la mediación entre los prestamistas y los prestatarios últimos de la economía. Dicha actividad constituye el eje básico de su actuación, y, por tanto, están siempre dispuestos a recibir todos los fondos que se deseen depositar en ellos a los tipos de interés anunciados. Los intermediarios financieros adquieren activos como forma de inversión y no los revenden, sino que, en base a ellos crean activos nuevos que colocan entre los ahorradores obteniendo de éstos los fondos necesarios para la realización de las inversiones.

Debemos distinguir entre intermediarios financieros en sentido estricto y mediadores. Los mediadores financieros son agentes financieros que actúan por cuenta de terceros sin transformar los activos financieros que comercializan. En cualquier caso, la función de mediación no origina ningún cambio en los activos negociados, puesto que no crean nuevos y diferentes activos a los ya existentes.

Se distingue tres tipos de mediadores financieros:

- *Brókers*: son mediadores que actúan por cuenta de terceros cobrando por sus servicios una comisión. En consecuencia, los brókers no asumen el riesgo de las operaciones.
- *Dealers*: su actividad consiste en comprar y vender activos financieros por cuenta ajena y por cuenta propia. En las operaciones realizadas por cuenta ajena sus beneficios provienen de las comisiones que cobran, mientras que en las realizadas por cuenta propia su beneficio se debe a la diferencia de precios. En las operaciones realizadas por cuenta propia los *dealers* asumen el riesgo.
- *Market makers*: son *dealers* especializados en ciertos activos financieros con los que negocian. La función de estos mediadores es asegurar la liquidez de ciertos activos en el mercado financiero en el que se negocian, ofertando continuamente posiciones de compra y venta en firme. Estos agentes están obligados a satisfacer la contrapartida de las órdenes a los precios que ofertan. El beneficio (spread) que obtienen se debe a la diferencia de los precios que ofertan y de la situación del mercado.

El papel clave de los intermediarios financieros en una economía es el de "aceptar pasivos de los prestatarios últimos que los ahorradores últimos no aceptarían y emitir pasivos para estos agentes, cuya duplicación no está al alcance de los prestatarios." Este proceso de transformación de activos constituye la base de la actuación de los intermediarios financieros que, al ejercitarla, crean activos de características únicas, dentro de la diversidad de formas que pueden revestir (cuentas corrientes, depósitos a plazo, bonos bancarios, pólizas de seguros, etc.). La intermediación financiera genera ventajas tanto para los prestamistas como para los prestatarios:

- Ventajas de la intermediación financiera para los prestamistas: los intermediarios financieros les ofrecen nuevos activos financieros (directos o secundarios) en los que materializar su riqueza, a unos costes inferiores a los que alcanzaría si tuviesen que acudir al mercado a conseguirlos.
- Ventajas de la intermediación financiera para los prestatarios: la intermediación financiera facilita la obtención de financiación y la reducción del coste de esta.

3.4.1. Tipos de intermediarios financieros.

Tradicionalmente, se han distinguido, de acuerdo con el Sistema Europeo de Cuentas Nacionales (SEC-95), dos tipos de intermediarios financieros, si bien debemos tener en cuenta que pueden existir diferencias entre los países, según sus características y modalidades:

- ➡ **Intermediarios financieros bancarios:** están constituidos por el Banco Central y las entidades bancarias, y se caracterizan porque algunos de sus pasivos (billetes y depósitos a la vista) son pasivos monetarios, es decir, aceptados generalmente por el público como medio de pago, y, por tanto, son dinero. Son considerados intermediarios financieros bancarios en nuestro país: el Banco Central, encargado de definir y ejecutar la política monetaria (Banco Central Europeo y Banco de España) y las entidades bancarias (bancos, cajas de ahorros y cooperativas de crédito) que realizan operaciones activas con particulares, empresas y otras instituciones, para lo cual necesitan realizar operaciones pasivas, es decir, captar recursos mediante la generación de depósitos a la vista, a plazo, etc.
- ➡ **Intermediarios financieros no bancarios:** al igual que los anteriores desarrollan la función básica de intermediación financiera transformando las características básicas de

los activos financieros, sin embargo, a diferencia de los anteriores, sus pasivos no son dinero. Dentro de esta categoría podemos encontrar gran variedad de intermediarios:

- Fondos de inversión: instituciones sin personalidad jurídica propia, que tienen como objetivo la propiedad comunitaria de unos activos con finalidad de lucro. En todos los fondos de inversión existe una sociedad gestora que se encarga de administrar el fondo y una entidad depositaria que se encarga de custodiar sus activos. A todas aquellas personas que forman parte del fondo se les conoce como partícipes.
- Fondos de pensiones: son aquellos fondos de inversión que se forman a través del patrimonio generado por medio del ahorro colectivo de un plan de pensiones, que es un contrato por el cual una entidad financiera se compromete a realizar unos pagos periódicos del dinero ahorrado y sus rendimientos, a partir del momento de la jubilación y nunca antes, a diferencia del plan de jubilación que se trata de una modalidad de seguro que ofrece un capital en caso de muerte o jubilación, que tiene una rentabilidad garantizada y que se puede contratar con un solo pago.
- Compañías de seguros: las empresas aseguradoras son intermediarios financieros que emiten como activo financiero específico las pólizas de seguros, obteniendo financiación mediante el cobro del precio o prima del seguro.

El desarrollo del sector financiero ha sido muy importante en los últimos años gracias al papel protagonista de la tecnología. Así, debemos referirnos al término *fintech*, consecuencia de la unión de las palabras inglesas *finance* y *technology,* y que hace referencia a todas aquellas actividades que implican el empleo de la innovación y los desarrollos tecnológicos para el diseño, la oferta y la prestación de productos y servicios financieros. Desarrollan este tipo de actividades tanto entidades financieras ya establecidas, bancarias o no bancarias, como nuevas entidades y empresas que intervienen en algún punto de la cadena de valor del sector financiero. También puede ocurrir que estas nuevas entidades colaboren con entidades e intermediarios financieros tradicionales o, incluso, que sean adquiridas por ellas.

Es posible distinguir diferentes tipos de *fintech* si atendemos al tipo de productos o servicios que estas entidades prestan:

- Asesoramiento y gestión patrimonial, distinguiendo a su vez:
    - Asesoramiento y gestión automatizados, que son plataformas desde las que se ofrece asesoramiento financiero o se gestiona los capitales de inversores utilizando procedimientos automatizados mediante algoritmos o inteligencia artificial. Las actividades que realizan van desde la elaboración del perfil del inversor hasta la toma de decisiones de inversión y su ejecución automática. Son ejemplos de este tipo de servicio los denominados *robo-advisors* y los *quantadvisors*. Los *robo-advisors* son gestores automatizados que ofrecen servicios de asesoramiento y gestión de carteras mediante la automatización de proceso. Por su parte los *quantadvisors* utilizan inteligencia artificial para predecir las mejores estrategias de inversión, con el objeto del obtener beneficios con independencia de la evolución de los mercados financieros.
    - *Social trading*, que son plataformas en las que los inversores se ponen en contacto entre sí o con *traders* profesionales. Pueden existir diferentes tipos de negocio, desde aquellos que realizan intercambio de información y opiniones de carácter financiero hasta aquellos que realizan simulación de estrategias de inversión de terceros de forma automática.

- Finanzas personales: estas entidades ofrecen la gestión de sus finanzas a inversores personas físicas, les facilitan información sobre el estado y los movimientos de sus cuentas y les ofrecen productos financieros adecuados a sus necesidades.
- Financiación alternativa, diferenciando:
    - Préstamos online rápidos a particulares y empresas de importes reducidos que se conceden de forma ágil al través de plataformas. Constituyen una alternativa a la financiación tradicional bancaria, especialmente en momentos de restricción del crédito.
    - Financiación participativa. Esta financiación, conocida como *crowdfunding*, consiste en poner en contacto a través de una plataforma virtual a promotores que necesitan financiación para sus proyectos con una pluralidad de inversores particulares. Se distingue entre *crowdlending*, que es concesión de préstamos y *crowdequity*, que es la concesión de financiación a través de la emisión de determinados instrumentos financieros como acciones, participaciones sociales o bonos.
- Servicios de Pago a través de dispositivos móviles o electrónicos.
- Big Data: son entidades que generan valor añadido al sector financiero a través del análisis del gran volumen de datos que este sector genera, pudiendo utilizar técnicas de inteligencia artificial.
- Identificación online de clientes: hacemos referencia a entidades que proporcionan sistemas de identificación a distancia de personas a través de nuevas tecnologías como por ejemplo la biometría. Buscan sustituir la tradicional contraseña para poder acceder a plataformas por nuevos métodos como la identificación facial o la huella dactilar, permitiendo mayor seguridad en ciertas transacciones financieras.
- Criptoactivos: son entidades dedicadas a la representación de activos, registrados en formato digital, que utilizan la criptografía y las tecnologías de registros distribuidos tales como el *blockchain*. Estos activos incluyen las denominadas criptomonedas que son admitidas como medio de pago en determinadas transacciones.
- Existen entidades que no están referidos directamente con los activos negociados en mercados o al sistema de pagos del sector financiero tales como las *insurtech* (entidades de seguro) o las *proptech* (propiedades inmobiliarias).

Debe tenerse en cuenta que todas estas entidades y servicios son novedosos, por lo que la regulación y control de estos es todavía muy inicial, siendo recomendable considerar los riesgos que pueden implicar.

En todo caso, los inversores deben asegurarse que realizan sus inversiones a través de intermediarios financieros autorizados, evitando ser engañados o estafados por los denominados chiringuitos financieros. Los intermediarios financieros autorizados para prestar servicios de inversión están sometidos a las normas que regulan los mercados de valores y a estrictos controles por parte de los organismos supervisores (CNMV, Banco de España y Dirección General de Seguros y Fondos de Pensiones), los chiringuitos financieros actúan al margen de la legalidad, lo cual implica que:

- No están registrados por los organismos supervisores, por lo que no tienen autorización para prestar servicios de inversión.
- Los inversores no están cubiertos por el Fondo de Garantía de Inversiones o el Fondo de Garantía de Depósitos, puesto que éstos únicamente protegen a los inversores en caso de insolvencia de entidades autorizadas.

3.4.2. Funciones de los intermediarios financieros.

Los intermediarios financieros desarrollan una serie de funciones que resultan esenciales para el correcto funcionamiento del sistema financiero. Estas funciones son:

➡ Permiten reducir el riesgo de los diferentes activos secundarios emitidos mediante la diversificación de la cartera. Además, pueden obtener un rendimiento superior de sus carteras al obtenido por cualquier agente individual al aprovechar las economías de escala que se derivan de la gestión de estas. Por ejemplo, cuando un cliente deposita su dinero en una institución bancaria, sus fondos serán invertidos en una gama muy diversificada de activos: así, en teoría, participará en una cartera de muy amplio espectro: bonos, obligaciones, acciones, pagarés, créditos bancarios, etc. Los riesgos de pérdidas por insolvencia de los emisores de dichos activos quedan así reducidos. Las economías que se alcanzan aparecen por tres razones fundamentales:

- Indivisibilidades: Dado el elevado volumen de recursos del que disponen los intermediarios financieros, pueden adquirir activos de cualquier valor nominal, circunstancia que puede estar vedada a muchos individuos cuyos recursos sean inferiores a esos nominales mínimos. Ejemplo: segregación de los títulos de renta fija emitidos por el Estado.
- Economías de gestión: El input básico para la gestión de carteras es la información. Una cartera de valores es algo dinámico, que hay que estar rehaciendo y posicionando constantemente, que exige un seguimiento exhaustivo de los mercados y que, por lo tanto, necesita de profesionales cualificados, dedicados a tiempo completo a dicha labor. Dado el volumen de operaciones de un intermediario financiero, éste puede dedicar mayor cantidad de recursos (incluido el tiempo) para acceder a esa información y, además, lo hará de forma más eficiente, puesto que estas instituciones tienen un gran número de profesionales que se dedican a tiempo completo a gestionar sus carteras de activos en función de esa información que obtienen.
- Economías de transacción: las transacciones implican costes (impuestos, derechos y comisiones de mediadores, pólizas, etc.) establecidos normalmente como una cuantía fija, o bien de forma decreciente al valor de la operación. Por ello, los intermediarios financieros incurren en costes medios más bajos y obtienen rendimientos más altos que los de un inversor particular.

➡ En segundo lugar, la actuación de los intermediarios financieros permite adecuar las necesidades financieras de prestamistas y prestatarios, en términos de las cantidades y plazos de las operaciones. Así, por ejemplo, un banco comercial capta pasivo del público mediante innumerables cuantas corrientes o de ahorro, con imposiciones pequeñas y fragmentadas que luego globaliza y que sirven para grandes operaciones de activo como, por ejemplo, la participación en un gran crédito de carácter sindicado.

➡ Por último, los intermediarios financieros realizan la denominada gestión del mecanismo de pagos de la economía. El grueso de transacciones financieras en la economía se lleva a cabo de forma regular a través de los intermediarios financieros. Los títulos que dan derecho a ciertos pasivos de los intermediarios financieros, como los cheques sobre cuentas corrientes bancarias, son aceptados comúnmente como medios de pago en las economías desarrolladas.

3.5. Estructura actual del sistema financiero español.

La figura 3.3. muestra la estructura actual del sistema financiero español.

El sistema financiero español contempla una amplia variedad de instituciones, que pueden resumirse en las siguientes:

Los órganos políticos decisorios: encabezados por el Gobierno, máxima autoridad en materia de política financiera, que realiza sus funciones a través del Ministerio encargado de asuntos económicos. Este Ministerio es el máximo responsable del funcionamiento de las instituciones financieras y de formular, ejecutar y supervisar la política económica y financiera.

La Autoridad Macroprudencial Consejo de Estabilidad Financiera (AMCESFI) es un órgano colegiado adscrito al Ministerio, participado por representantes de dicho Ministerio y del Banco de España, la Comisión Nacional del Mercado de Valores (CNMV) y la Dirección General de Seguros y Fondos de Pensiones. Está encargada de identificar, prevenir y mitigar el desarrollo del riesgo sistémico y procurar una contribución sostenible del sistema financiero al crecimiento económico. La Autoridad de Protección del Cliente Financiero es un organismo encargado de la resolución alternativa de litigios para los consumidores de servicios financieros, también tiene un destacado papel en materia educación financiera.

Las autoridades u órganos con responsabilidades de control y supervisión se articulan en los tres sectores o actividades financieras básicas: a) la actividad de crédito y depósito, supervisada por el Banco de España; b) la actividad de los mercados de valores, supervisada por la Comisión Nacional del Mercado de Valores y c) la actividad de previsión, supervisada por la Dirección General de Seguros y Fondos de Pensiones.

El Banco de España: actúa como la máxima autoridad bancaria española, promoviendo el buen funcionamiento y estabilidad del sistema financiero español. No obstante, dada la pertenencia de España a la zona Euro, en la actualidad es el Banco Central Europeo quien tiene atribuidas competencias en materia de política monetaria, si bien el Banco de España asume la atribución de ejecutar la política monetaria marcada por el citado organismo dentro del territorio español. Asimismo, tienen competencias sobre los Mercados Interbancarios y de divisas.

Bajo la supervisión del Banco de España desarrollan su actividad las Entidades de Crédito (Bancos, Cajas de Ahorro, Cooperativas de Crédito y el Instituto de Crédito Oficial), los Establecimientos Financieros de Crédito, las Entidades de Dinero Electrónico, las Entidades de Pago y las Sociedades de Garantía Recíproca. Las Entidades de Crédito y en particular los Bancos constituyen el grupo más importante por su peso en el activo y el pasivo del balance agregado de las entidades financieras.

La Comisión Nacional del Mercado de Valores (CNMV) se atribuye la supervisión, inspección y potestad sancionadora de los mercados de valores. Debe garantizar la trasparencia de los mercados, la correcta formación de precios y la protección de los inversores. En la búsqueda de sus objetivos ofrece a los inversores toda la información relevante sobre las entidades emisoras de valores y las entidades autorizadas para prestar servicios financieros. Además, elabora informes anuales sobre la situación de los mercados de valores, supervisa los folletos de emisión (mercado primario) así como la inspección de las operaciones y de la actividad ejercida por las personas y entidades que desarrollan su actividad en los mercados secundarios (OPAs, OPVs, abuso de mercado, etc.).

Bajo su supervisión se encuentra un grupo amplio de entidades relacionadas directa o indirectamente con la actividad en los mercados de valores, destacando la Empresas de Servicios de Inversión (ESI), las Sociedades y Fondos de Inversión, las Sociedades Gestoras de Instituciones de Inversión Colectiva, los Fondos de Titulización, las Sociedades y Fondos de Capital Riesgo y las Plataformas de Financiación Participativa. Además, desde el punto de vista de los mercados organizados, la CNMV supervisa los principales mercados de renta fija, renta variable y productos derivados.

Por último, la Dirección General de Seguros y Fondos de Pensiones (DGSFP) es un órgano administrativo que depende de la Secretaría de Estado de Economía y que tiene competencias en materia de supervisión del sector de seguros y fondos de pensiones en España. Su función es supervisar y controlar el adecuado funcionamiento de dicho sector y dar la protección adecuada a los clientes de las entidades aseguradoras, así como a los partícipes de los planes de pensiones.

Para concluir este apartado, se debe destacar que el sistema financiero de un país nunca suele ser una foto fija, sino una imagen que va cambiando con el tiempo. En las fases de crisis, la velocidad con la que se producen el cambio se acelera, tal y como ocurrió en España a raíz del estallido de la crisis financiera del 2008 y que supuso la aparición de nuevas regulaciones del sistema financiero, nuevas instituciones como el FROB y la SAREB, bancarización de las Cajas de Ahorros, procesos de concentración bancaria, etc.

Figura 3.3. Estructura del sistema financiero español.

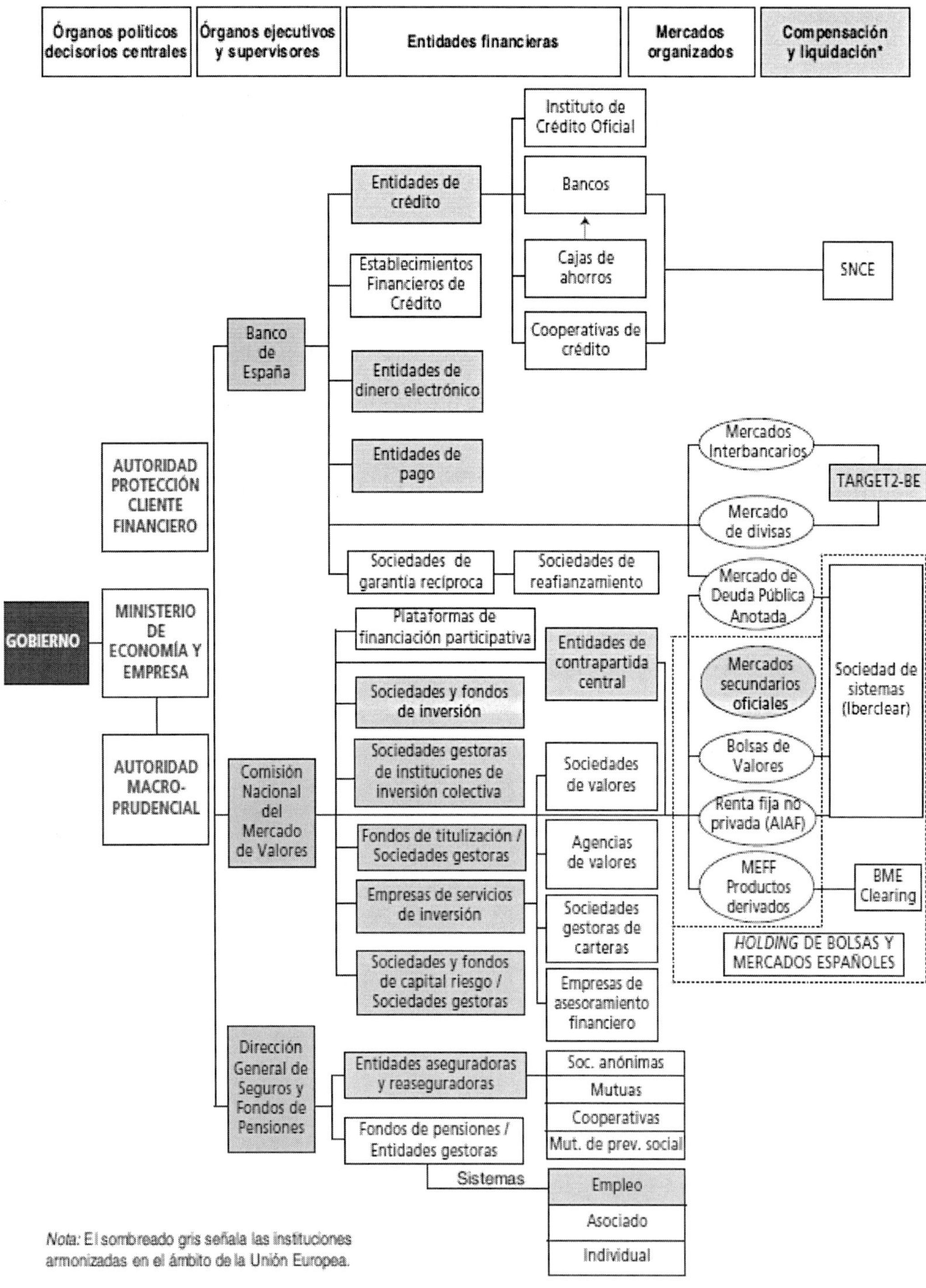

* Las entidades de contrapartida central pertenecen al ámbito de la compensación y liquidación de valores.

Fuente: Analistas Financieros Internacionales (AFI).

A continuación, se señalan páginas web recomendadas.

Banco de España BANCO DE ESPAÑA Eurosistema	www.bde.es
Bolsas y mercados españoles BME X a SIX company	www.bolsasymercados.es
Mercado español de futuros financieros MEFF	www.meff.es
Tesoro Público TesoroPúblico	www.tesoro.es

4. La estructura económico-financiera de la empresa

CAPÍTULO 4. LA ESTRUCTURA ECONÓMICO-FINANCIERA DE LA EMPRESA

OBJETIVOS DEL CAPÍTULO

El presente tema analizará el funcionamiento económico-financiero de la empresa, considerando la interrelación entre las decisiones de inversión que configuran su estructura económica y las decisiones de financiación que conforman su estructura financiera.

Dadas sus implicaciones a nivel económico y financiero, se distinguirá entre el ciclo económico-financiero a largo plazo y el ciclo económico-financiero a corto plazo, analizando las decisiones que en cada ciclo deben ser tomadas.

Se concluirá el tema con el estudio de la relación entre las decisiones de inversión y financiación, haciendo especial referencia a la importancia de los conceptos: periodo medio de maduración y fondo de maniobra.

Al finalizar el tema el alumno comprenderá:

- El necesario equilibrio económico-financiero que debe existir en la empresa y sabrá focalizar la toma de decisiones financieras de la empresa en espacios temporales distintos.
- Los ciclos de explotación de la empresa, identificando qué decisiones financieras pueden tener un carácter más a largo plazo y que serán, por tanto, aquellas más difíciles de modificar o corregir.
- Cuáles son las decisiones financieras que pueden ser tomadas en la empresa de una forma más "automatizada", por ser decisiones de fácil corrección a corto plazo.

4.1. Los ciclos económico-financieros de la empresa.

Tal y como venimos explicando hasta el momento, desde el punto de vista económico-financiero podríamos decir que la actividad de toda empresa se caracteriza por obtener y emplear ciertas cantidades de dinero en la adquisición de factores productivos, mediante los cuales conseguir productos y servicios que vender en el mercado y así recuperar los recursos invertidos.

Este proceso, en principio tan simple, puede ser desglosado en dos partes o ciclos: el ciclo a corto plazo y el ciclo a largo plazo. El ciclo a corto plazo o ciclo de explotación es un proceso circular que se desarrolla continuamente en la empresa, comienza con la salida de fondos de caja para adquirir materias primas, sigue en el proceso de fabricación, almacenamientos intermedios y de productos terminados, continúa con la venta de los productos o servicios y finaliza con el cobro a los clientes, esto es, con la entrada en caja de los recursos invertidos más los beneficios. Mientras que el ciclo a largo plazo se corresponde con el proceso de captación de recursos financieros y su correspondiente aplicación en activos productivos a más largo plazo.

En este tema analizaremos ambos ciclos haciendo hincapié en los conceptos de periodo medio de maduración, entendido como duración media del ciclo de explotación, y el concepto de fondo de maniobra. En el último punto del tema analizaremos cuestiones relativas a cada una de las partidas de circulante que componen el fondo de maniobra.

4.2. El equilibrio económico-financiero de la empresa.

El ciclo de capital de la empresa expresa el proceso de captación de recursos financieros mediante las distintas fuentes de financiación disponibles y su posterior aplicación en activos concretos, de forma que estas inversiones permitan desarrollar la actividad productiva de la empresa para generar nuevos recursos financieros que a su vez permitan remunerar a los titulares de los recursos financieros inicialmente empleados.

Este ciclo también se corresponde con las decisiones de renovación de las inversiones. A lo largo del tiempo se deprecian los activos y a la vez se carga al coste del producto esta depreciación mediante la dotación contable. Pasados varios ciclos o ejercicios económicos, los activos estarán totalmente depreciados, pudiéndose vender en el mercado, o no, por un determinado valor que entraría, en su caso, en tesorería. Este valor más las dotaciones contables por amortización materializadas en tesorería o activos muy líquidos, permitirán la renovación de los activos fijos iniciales. El ciclo a largo plazo genera las cuotas de amortizaciones contables, que pasan al ciclo corto incrementando el coste del producto, al objeto de que cuando este se venda se recupere de forma líquida la depreciación contemplada contablemente. La figura 4.1. recoge la forma en que este ciclo a largo plazo se desarrolla en la empresa.

Figura 4.1. Ciclo de capital o ciclo a largo plazo.

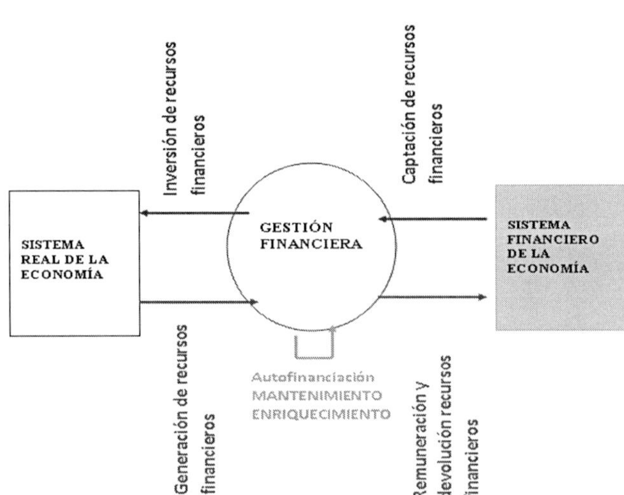

La dimensión temporal o duración del ciclo a largo plazo o ciclo de capital está supeditada al período de utilización racional de los equipos productivos, es decir, viene dada por la vida útil de los activos que la empresa utiliza en el desarrollo de su actividad. La vida útil es el tiempo que por término medio un bien permanece en condiciones de uso, este periodo de tiempo es utilizado para amortizar el bien con el fin de que pueda reponerse el activo al término de dicha vida útil. La vida técnica de los bienes de equipo puede ampliarse a base de practicar unos programas de manteniento y conservación adecuados, pero lo que realmente interesa es su vida útil, es decir, el período de tiempo durante el cual son rentables, ya que rebasada esa vida óptima, aunque técnicamente sigan funcionando en condiciones aceptables su utilización no es económica, ya sea porque las reparaciones y mantenimiento son muy costosos o bien por el fenómeno de la obsolescencia.

4.3. El ciclo a corto plazo o ciclo de explotación de la empresa.

El ciclo a corto plazo o ciclo de explotación de la empresa se define como el tiempo que, por término medio, la empresa tarda en recuperar los recursos financieros invertidos en el activo circulante o el tiempo que, por término medio, tarda en volver a caja el dinero que ha salido de la misma para cubrir las necesidades del proceso productivo. Este ciclo se inicia mediante la inmovilización de disponibilidades monetarias (recursos financieros) para adquirir materiales necesarios (compras) que permitirán llevar a cabo la producción.

Este ciclo recibe también otros nombres como:

- Ciclo dinero-mercanía-dinero
- Ciclo comercial
- Ciclo del ejercicio

La duración de este ciclo depende del tiempo necesario para el desarrollo de las diversas fases o etapas que componen el proceso productivo (aprovisionamiento, producción, venta y cobro en el caso de una empresa industrial), tiempo que recibe el nombre de periodo medio de maduración, el cual dependerá, a su vez, del grado de eficiencia de la organización y de sus equipos industriales.

El desarrollo del ciclo a corto plazo se representa en la figura 4.2.

Figura 4.2. Ciclo de explotación o ciclo a corto plazo.

El ciclo a corto es un proceso que no debe tener interrupciones, ya que en caso contrario no tendríamos regularidad en la producción y aparecerían costes de capacidades ociosas que encarecerían el producto con respecto a la competencia.

Interesa que este ciclo sea lo más corto posible (que los giros se hagan con la mayor rapidez posible) pues ello permite incrementar la producción, lo cual, favorece la mejora de resultados. No obstante hay que tener en cuenta que esta aceleración puede provocar desgaste y deterioro físico de los activos. El aumento de velocidad de este giro en el ciclo de explotación se puede hacer actuando sobre distintos aspectos:

- Actuando sobre compras: tratando de ajustar las compras a las necesidades de producción, comprar por lotes óptimos, etc.
- Actuando sobre producción: incentivar la productividad de los trabajadores, racionalizar tareas, mecanizar la producción (lo cual se traduce en excedente de mano de obra).
- Actuando sobre las ventas: actuar sobre el nivel de stocks, un cierto nivel de inventarios es obligación organizativa en cualquier empresa con el fin de cubrir demandas imprevistas, intentando evitar la mala imagen que implica no poder atender pedidos. Representan un colchón que permite a la empresa anticiparse a ciertar situaciones. No obstante, un nivel excesivo de stocks puede paralizar la producción mientras la empresa da salida a productos que se amontonan y pueden quedar obsoletos.
- Actuando sobre cobros: la gestión de cobros es muy importante en la empresa, ésta debe estudiar que condición de cobro a clientes es más beneficiosa: cobro al contado (que reduciría la duración del ciclo) o cobro a plazo (que permitiría incrementar ventas). Es interesante también en la reducción del ciclo de explotación considerar también el uso del descuento comercial o del factoring.

4.4. Las necesidades futuras de fondos: PMM y fondo de maniobra.

4.4.1. El periodo medio de maduración.

De forma operativa la duración media del ciclo de explotación se conoce en la literatura económico-financiera con la denominación de período medio de maduración, entendido como el número de días que, por término medio, tarda en volver a caja el dinero que ha salido de ella para hacer frente a las necesidades del proceso productivo.

En una empresa de tipo industrial este período se puede calcular por la suma de las duraciones de los cuatro subperíodos, que se correspondonden con las sucesivas fases del ciclo de explotación.

La siguiente figura presenta los subperiodos del ciclo de explotación presentes en una empresa de tipo industrial.

Figura 4.3. Ciclo de explotación o ciclo a corto plazo: subperiodos PMM económico.

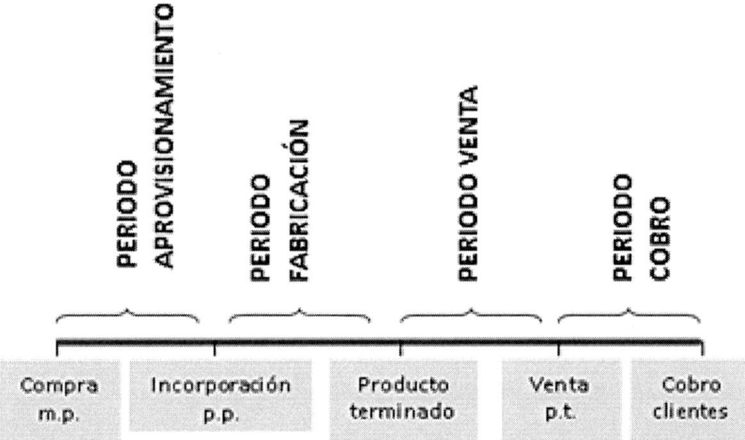

Las sucesivas fases del periodo medio de maduración y los cálculos de sus duraciones son las siguientes:

- **Periodo medio de aprovisionamiento (PMA):** representa el tiempo en días que, por término medio, permanecen los materiales en el almacén en espera de ser utilizados.

$$PMA = \frac{365}{Rotación\ materias\ primas}$$

$$Rotación\ materias\ primas = \frac{consumo\ anual\ materias\ primas}{stock\ medio\ materias\ primas}$$

Donde:
La rotación de materias primas es igual al número de veces que durante el ejercicio (generalmente un año) se consume el stock medio de materiales.

- **Periodo medio de fabricación (PMF):** Tiempo en días que, por término medio, tardan en fabricarse los productos.

$$PMF = \frac{365}{Rotación\ productos\ en\ curso}$$

$$Rotación\ productos\ en\ curso = \frac{coste\ anual\ de\ la\ producción}{stock\ medio\ productos\ en\ curso}$$

Donde:
La rotación de productos en curso es igual al número de veces que durante el ejercicio (generalmente un año) se renueva el stock medio de productos fabricados.

- **Periodo medio de ventas (PMV):** tiempo medido en días que, por término medio, se tarda en vender los productos una vez fabricados.

$$PMV = \frac{365}{Rotación\ productos\ terminados}$$

$$Rotación\ productos\ terminados = \frac{ventas\ anuales\ a\ precio\ de\ coste}{stock\ medio\ productos\ terminados}$$

Donde:
La rotación productos terminados es igual al número de veces que durante el ejercicio (generalmente un año) se renueva el stock medio de productos terminados.

- **Periodo medio de cobro (PMC):** expresa los días que, por término medio, se tarda en cobrar a los clientes por las ventas a crédito.

$$PMC = \frac{365}{Rotación\ clientes}$$

$$Rotación\ clientes = \frac{ventas\ anuales\ a\ precio\ de\ venta}{stock\ medio\ de\ clientes}$$

Donde:
La rotación de clientes es el número de veces que durante el ejercicio (generalmente un año) se renueva la deuda media de los clientes o cuentas a cobrar.

El **PMM económico** es, en el caso de empresas industriales, la suma de la duración de estos cuatro subperiodos que integran el ciclo de explotación y determinará el tiempo que se tarda en recuperar una unidad monetaria invertida en el ciclo de explotación.

PMME = PMA + PMF + PMV + PMC

Si en el momento que los proveedores nos hacen la entrega de los materiales no nos exigen que paguemos al contado, concediéndonos un aplazamiento para satisfacer la deuda contraida con ellos, ello dará lugar a que una parte del período de maduración económico sea financiada por los proveedores y hablaremos en este caso de **PMM Financiero**. La siguiente figura recoge las etapas de este PMM financiero.

Figura 4.4. Ciclo de explotación o ciclo a corto plazo: subperiodos PMM financiero.

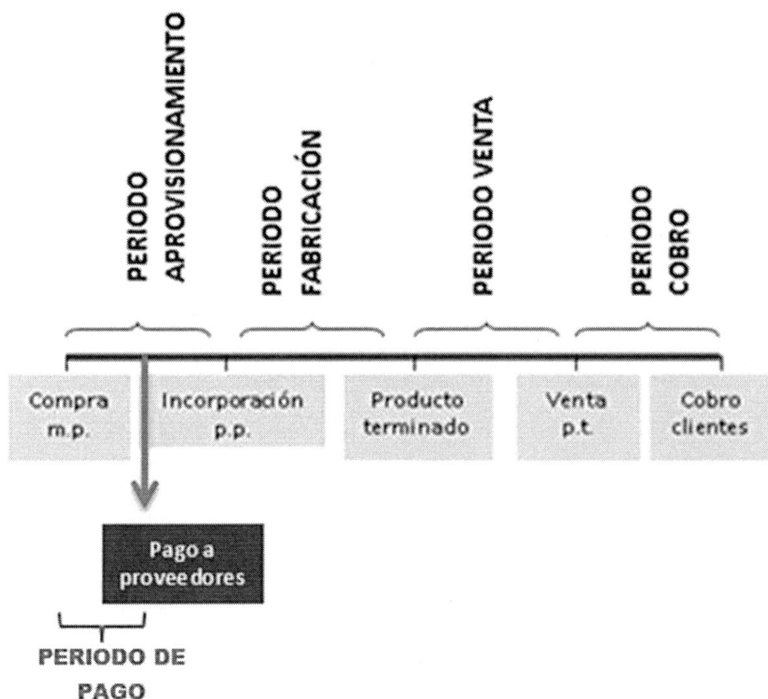

Para calcular el PMM financiero necesitamos conocer la duración del subperiodo de pago a proveedores.

- **Periodo medio de pago (PMP):** tiempo en días que, por término medio, tarda la empresa en abonar a los proveedores el saldo medio que tienen pendiente de cobro.

$$PMP = \frac{365}{Rotación\ proveedores}$$

$$Rotación\ proveedores = \frac{compras\ anuales\ materias\ primas}{stock\ medio\ de\ proveedores}$$

Donde:

La rotación de proveedores es el número de veces que durante el ejercicio (generalmente un año) se renueva la deuda media con los proveedores.

El **PMM financiero** será la suma de la duración de los cuatro subperiodos que integran el ciclo de explotación menos la duración del periodo de pago a proveedores y determinará el tiempo que se tarda en recuperar una unidad monetaria invertida y pagada en el ciclo de explotación.

PMMF = PMME – PMP = PMA + PMF + PMV + PMC - PMP

El Período Medio de Maduración de una empresa, es una medida del dinamismo de la explotación de la actividad. Cuando un PMM de una empresa se considera corto, al compararlo por ejemplo con los PMM de las demás empresas del sector, se supone un ritmo rápido y una mayor eficiencia y efectividad en la organización. El número de veces que se repite el ciclo de explotación en un ejercicio económico se denomina "rotación" y por tanto cuanto menor sea el PMM, mayor número de rotaciones habrá y más eficiente se considera a la empresa. Un PMM alto, implica una rotación baja, lo que supone también un mayor volumen de financiación, con costes más elevados. Cuanto mayor sea el PMM menos ciclos de explotación se podrán llevar a cabo en el transcurso del ejercicio económico y menos eficiente se considera a la empresa.

Una vez explicado el PMM económico y el PMM financiero, el ejercicio 4.1. presentado a continuación, como resumen de este apartado, sirve como ejemplo práctico del cálculo de ambos periodos medios de maduración a través de los distintos subperiodos del ciclo de explotación de una empresa industrial.

EJERCICIO 4.1. El PMM de una empresa industrial

Cierta empresa industrial presenta la siguiente información (en miles de euros):

- Consumo de materias primas, valoradas al precio de adquisición, durante el ejercicio económico por valor de 300.
- Stock medio de existencias de materias primas en el almacén durante el ejercicio económico: 30.
- Coste anual de la producción: 420.
- Stock medio de productos en curso de fabricación: 35.
- Coste anual de las ventas (ventas a precio de coste): 460.
- Stock medio de productos terminados: 23.
- Ventas a crédito del ejercicio: 645.
- Saldo medio de clientes: 107,5.
- Compras de materias primas anuales: 320.
- Saldo medio de deudas con proveedores: 40.

Se pide calcular el PMM económico y el PMM financiero de la empresa.

EJERCICIO 4.1. El PMM de una empresa industrial

SOLUCIÓN

Calculamos en primer lugar las duraciones de los distintos subperiodos (cifras en miles de €):

Subperiodo de aprovisionamiento:

$$Rotación\ materias\ primas = \frac{consumo\ anual\ materias\ primas}{stock\ medio\ materias\ primas} = \frac{300}{30} = 10$$

$$PMA = \frac{365}{Rotación\ materias\ primas} = \frac{365}{10} = 36{,}5\ días$$

Subperiodo de fabricación:

$$Rotación\ productos\ en\ curso = \frac{coste\ anual\ de\ la\ producción}{stock\ medio\ productos\ en\ curso} = \frac{420}{35} = 12$$

$$PMF = \frac{365}{Rotación\ productos\ en\ curso} = \frac{365}{12} = 30{,}41\ días$$

Subperiodo de ventas:

$$Rotación\ de\ productos\ terminados = \frac{Ventas\ anuales\ a\ precio\ de\ coste}{Stock\ medio\ materias\ primas} = \frac{460}{23} = 20$$

$$PMV = \frac{365}{Rotación\ de\ productos\ terminados} = \frac{365}{20} = 18{,}25\ días$$

Subperiodo de cobro:

$$Rotación\ clientes = \frac{ventas\ anuales\ a\ precio\ de\ venta}{stock\ medio\ de\ clientes} = \frac{645}{107{,}5} = 6$$

$$PMC = \frac{365}{Rotación\ clientes} = \frac{365}{6} = 60{,}8\ días$$

Con las duraciones de los anteriores subperiodos calculamos el periodo medio de maduración económico.

$$PMME = PMA + PMF + PMV + PMC = 36{,}5 + 30{,}41 + 18{,}25 + 60{,}8 = 145{,}96\ días$$

Por tanto, la empresa tarda, por término medio, 145,96 días en recuperar una unidad monetaria invertida en el ciclo de explotación.

Subperiodo de pago:

$$Rotación\ proveedores = \frac{compras\ anuales\ materias\ primas}{stock\ medio\ de\ proveedores} = \frac{320}{40} = 8$$

$$PMP = \frac{365}{Rotación\ proveedores} = \frac{365}{8} = 45{,}62\ días$$

Una vez conocidos los días que financian los proveedores calculamos el periodo medio de maduración financiero.

$$PMMF = PMME - PMP = 145{,}96 - 45{,}62 = 100{,}34\ días$$

Por tanto, la empresa tarda, por término medio, 100,34 días en recuperar una unidad monetaria invertida y pagada en el ciclo de explotación, es decir, completa, aproximadamente, 3,6 ciclos de explotación durante un ejercicio económico.

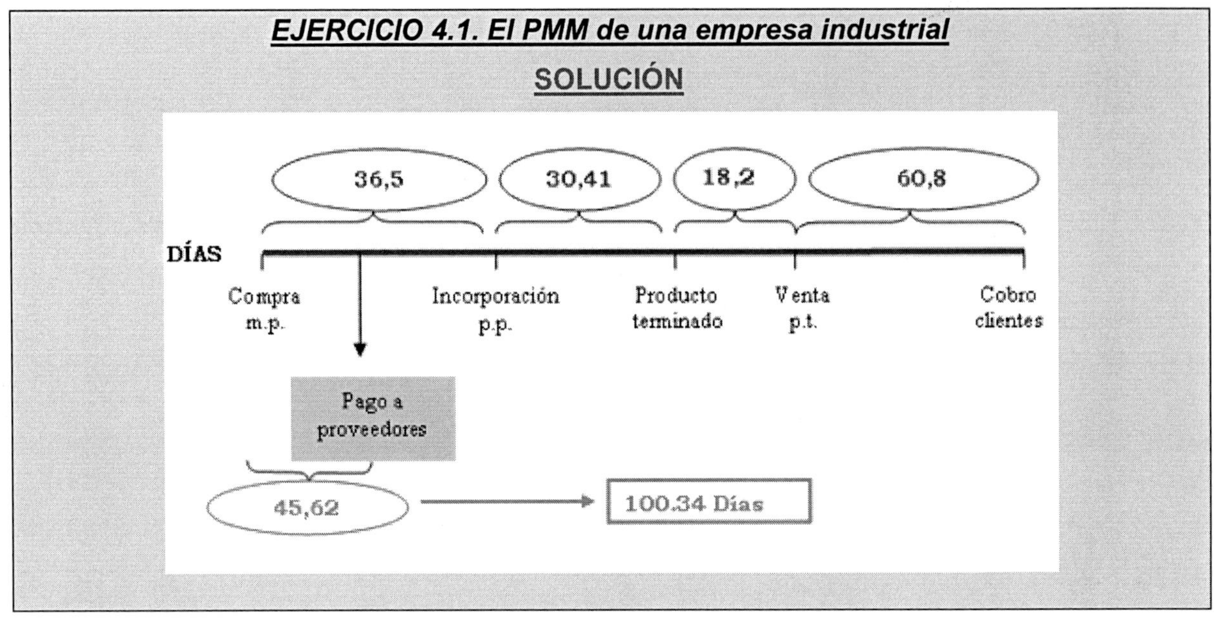

Las explicaciones y el ejercicio realizado se corresponden al periodo medio de maduración de una empresa industrial, sin embargo, no todas las empresas desarrollan las mismas fases de explotación que una empresa industrial.

Así, las empresas comerciales no tienen proceso de fabricación y, en consecuencia, solamente contemplan respecto al PMM económico dos subperíodos: el período medio de aprovisionamiento o almacenamiento (que representa el tiempo que, por término medio, permanecen los productos en el almacén en espera de ser vendidos) y el período medio de cobro.

Por otra parte, en este tipo de empresas también se suele observar que el periodo medio de maduración solamente está asociado al subperiodo de aprovisionamiento, ya que las ventas de los productos que hacen a los clientes son satisfechas al contado.

Esta situación puede llevar a que estas empresas presenten incluso un periodo medio de maduración financiero negativo puesto que en ocasiones el período medio de maduración económico es más corto que el aplazamiento en el pago de los productos suministrados por los proveedores. En la figura 4.5. ponemos de manifiesto esta situación.

Figura 4.5. Ciclo de explotación o ciclo a corto plazo en una empresa comercial.

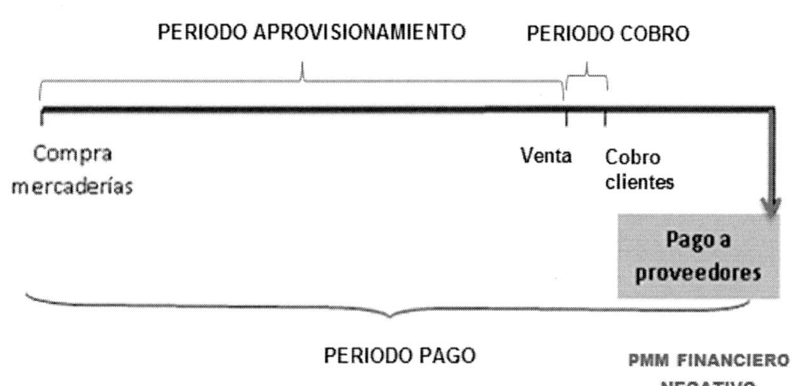

4.4.2. El fondo de maniobra.

El desarrollo del ciclo a largo plazo en la empresa requiere la realización de inversiones fijas, mientras que el desarrollo del ciclo a corto plazo requiere ciertas necesidades de activo circulante que permitan que este ciclo se desarrolle sin interrupciones, evitando así incurrir en costes por inversiones ociosas. Ambos tipos de activos implican necesidades financieras. Existen ciertos pasivos a corto plazo, denominados créditos de provisión o fuentes de financiación espontáneas, que configuran normalmente un tipo de fuente financiera sin coste que ayudan a financiar estas necesidades. Hacemos referencia a la financiación obtenida mediante el aplazamiento del pago de las compras de materiales, los aplazamientos por pago al personal, etc.

La empresa debe cubrir las necesidades financieras no cubiertas con este tipo de pasivos teniendo en cuenta ciertas reglas entre inversión y financiación, que permitirán que exista equilibrio financiero:

- **Equilibrio financiero mínimo**: nos referimos a equilibrio financiero mínimo cuando se plantea que el activo fijo esté financiado con pasivo fijo, así como todo activo circulante, por pasivo a corto. Esta regla no implica que los recursos utilizados para la financiación deban estar a disposición de la empresa por un tiempo igual o superior al empleo que está financiando, sino que la duración del recurso debe ser lo suficientemente grande como para que su montante pueda ser reconstruido por la acumulación de los beneficios procedentes de la utilización representada por el activo correspondiente.
- **Regla de seguridad**: este equilibrio es más estricto que el anterior, puesto que supone que el pasivo permanente debe ser superior al activo fijo. Está claro que esta regla hace abstracción de la solvencia empresarial, pues el hecho de que una empresa no la cumpla no implica necesariamente que sea insolvente, ya que su disponible puede ser lo suficientemente voluminoso como para hacer frente a las deudas a corto plazo. De todas formas, la situación normal implica el cumplimiento de esta regla de seguridad. La regla establece, por tanto, que los conceptos de capital circulante y fondo de maniobra deben ser necesariamente positivos.

  En determinadas empresas o sectores, como por ejemplo las grandes superficies (hipermercados, grandes almacenes, etc…) o en las gasolineras, debido a que el cliente paga prácticamente al contado, la rotación de los stocks es muy rápida y el pago a proveedores suele estar bastante aplazado, se incumplirá la regla de seguridad sin ningún problema. Estos negocios tienen fondos de maniobra negativos, por lo que parte de sus activos fijos estarán financiados, sin ningún problema, por pasivos corrientes (proveedores).

Las necesidades de financiación del ciclo de explotación de la empresa se corresponden con la diferencia entre el activo corriente o circulante afecto al ciclo de explotación y la financiación que surge del desarrollo de dicho ciclo, es decir, es la inversión neta en activo corriente típico. Si atendemos a los equilibrios financieros que han de darse en las empresas, las inversiones de carácter permanente deben ser financiadas con capitales fijos y los activos a corto plazo con créditos a corto plazo.

Financiar todo el activo a corto plazo con fondos a corto plazo puede resultar excesivamente peligroso desde el punto de vista financiero, dado que en este caso cualquier desfase o retraso en la corriente de cobros respecto a la de pagos llevaría a la empresa a una situación en la que no podría atender a los pagos.

Por ello, suele hacerse necesario que la empresa disponga de una cierta holgura o margen que haga que la financiación permanente de la empresa sea superior a las inversiones a largo plazo, este fondo es lo que se denomina fondo de rotación o maniobra. Este fondo de rotación puede entenderse como una especie de fondo de solvencia financiera. También puede entenderse este fondo si tenemos en cuenta que los activos corrientes que la empresa utiliza en su ciclo de explotación perduran en la compañía (cambian las existencias físicas, pero en la empresa se mantiene un stock o saldo monetario medio durante todo el ejercicio económico que sufrirá muy pocas variaciones), operativamente estos activos deberían ser considerados como activos fijos (aunque la contabilidad los considere activos a corto plazo) y, por tanto, debieran ser financiados con recursos a largo plazo.

El concepto de fondo de maniobra está relacionado con la liquidez de las inversiones y exigibilidad de la financiación, ya que éste se define como aquella parte del pasivo a largo plazo (cuyo grado de exigibilidad es bajo) que financia el activo a corto plazo (cuyo grado de liquidez es alto).

Por tanto, el fondo de maniobra es siempre el exceso del pasivo a largo plazo sobre los activos fijos o inmovilizados.

Cuantitativamente el fondo de maniobra y el capital corriente son iguales, no obstante, debemos hacer hincapié en que el fondo de maniobra es una magnitud medida desde el punto de vista del pasivo, mientras que el capital corriente se obtiene desde la perspectiva del activo.

Calculamos ambas magnitudes a partir de las siguientes expresiones:

FONDO DE MANIOBRA = Capitales permanentes – Activo no corriente

CAPITAL CORRIENTE = Activo corriente – Pasivo corriente

Donde Capitales permanentes = Patrimonio neto + Pasivo no corriente

Dado que:

Activo no corriente + Activo corriente = Patrimonio neto + Pasivo no corriente + Pasivo corriente →

→ Activo no corriente + Activo corriente – Pasivo corriente = Patrimonio neto + Pasivo no corriente →

→ Activo no corriente + Activo corriente – Pasivo corriente = Capitales permanentes

Despejando capitales permanentes en la fórmula del fondo de maniobra:

FONDO DE MANIOBRA = Activo no corriente + Activo corriente – Pasivo corriente – Activo no corriente →

→ FONDO DE MANIOBRA = Activo corriente – Pasivo corriente

Concluimos que cuantitativamente fondo de maniobra es igual a capital corriente.

Respecto al valor del fondo de maniobra en la empresa podrían darse tres situaciones:

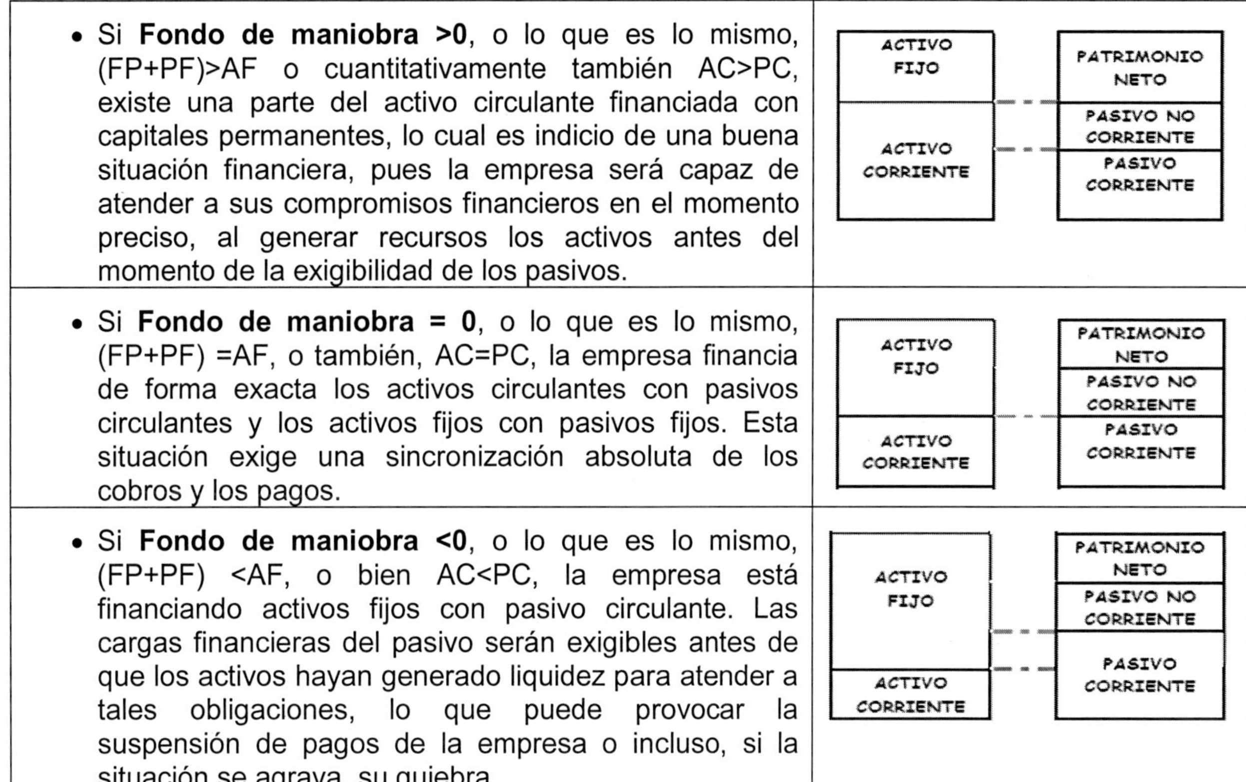

- Si **Fondo de maniobra >0**, o lo que es lo mismo, (FP+PF)>AF o cuantitativamente también AC>PC, existe una parte del activo circulante financiada con capitales permanentes, lo cual es indicio de una buena situación financiera, pues la empresa será capaz de atender a sus compromisos financieros en el momento preciso, al generar recursos los activos antes del momento de la exigibilidad de los pasivos.

- Si **Fondo de maniobra = 0**, o lo que es lo mismo, (FP+PF) =AF, o también, AC=PC, la empresa financia de forma exacta los activos circulantes con pasivos circulantes y los activos fijos con pasivos fijos. Esta situación exige una sincronización absoluta de los cobros y los pagos.

- Si **Fondo de maniobra <0**, o lo que es lo mismo, (FP+PF) <AF, o bien AC<PC, la empresa está financiando activos fijos con pasivo circulante. Las cargas financieras del pasivo serán exigibles antes de que los activos hayan generado liquidez para atender a tales obligaciones, lo que puede provocar la suspensión de pagos de la empresa o incluso, si la situación se agrava, su quiebra.

En cualquier caso, debemos tener en cuenta que las necesidades del ciclo de explotación no son iguales para todas las empresas, sino que dependen de distintos factores tales como, el sector de actividad y el entorno, el volumen de actividad de la empresa, las políticas comerciales y financieras que imperan en el sector.

Y, por tanto, esta magnitud puede presentar valores muy distintos en función del negocio en que opera la empresa, sin que ello suponga que las empresas de algunos sectores con valores anormales (incluso negativos) del fondo de maniobra estén en una situación próxima a la suspensión de pagos.

4.4.3. Fondo de maniobra necesario y fondo de maniobra real.

Las explicaciones realizadas hasta este momento hacen referencia al FM real de la empresa, es decir, el que se desprende de la estructura patrimonial de la misma. Sin embargo, es necesario conocer además del FM real de la empresa, aquel que ésta debería de tener de acuerdo con el sector y nivel de actividad de la empresa y su política financiera, es decir, es preciso conocer el FM necesario o adecuado. La diferencia entre el FM real y el FM necesario de la empresa determinará si la situación financiera de la empresa es correcta o si por el contrario debería corregirse. Podríamos encontrar tres situaciones diferentes al realizar esta comparación:

- Si fondo de maniobra real = fondo de maniobra necesario, la empresa estaría en una situación de equilibrio financiero.
- Si fondo de maniobra real < fondo de maniobra necesario, la empresa tiene déficit de financiación a largo plazo, pudiendo tener, en consecuencia, dificultades financieras a corto plazo.
- Si fondo de maniobra real > fondo de maniobra necesario, la empresa tiene exceso de financiación a largo plazo.

El FM necesario se calcula a partir de las necesidades medias diarias de materias primas, productos en curso, productos terminados y clientes, de acuerdo con sus políticas de almacenamiento, producción, ventas y política de cobro a clientes, es decir, aquellas cifras de saldos medios de activos corrientes que explicamos en el periodo medio de maduración.

El activo corriente necesario sería igual a la suma de las existencias necesarias de materias primas, productos en curso, productos terminados y cuentas de clientes.

El pasivo corriente se calcularía a partir de los saldos medios de proveedores dadas las necesidades de compras de materias primas.

El capital corriente necesario (cuantitativamente igual al fondo de maniobra necesario) sería igual al activo corriente necesario menos el pasivo corriente necesario.

Las diferencias entre el FM o CC necesario y el FM o CC real pondrían de manifiesto si la empresa ha sido eficiente o ineficiente en su actividad.

En el ejercicio 4.2. se analizan las diferencias entre el FM real y el FM necesario

EJERCICIO 4.2. FM real vs. FM necesario

La sociedad anónima Gisco presenta el siguiente balance de situación a 31/12/X:

ACTIVO	31/12/X	PN y PASIVO	31/12/X
Activo no corriente	**26.431.300**	**Patrimonio neto**	**17.208.700**
Activo corriente	**7.140.000**	**Pasivo no corriente**	**10.112.600**
Materias primas	800.000	Pasivo corriente	6.250.000
Productos en curso	400.000	Deudas c/p	1.200.000
Productos terminados	600.000	Obligaciones a c/p	710.000
Clientes	1.600.000	Proveedores	1.000.000
Clientes efectos a cobrar	2.300.000	Proveedores efectos a pagar	240.000
Clientes de dudoso cobro	20.000	Hacienda p. acreedora	1.100.000
Deterioro del valor de los créditos comerciales	(20.000)	Proveedores de inmovilizado c/p	500.000
Créditos c/p al personal	1.140.000	Dividendo activo a pagar	1.500.000
Bancos	250.000		
Caja	50.000		
TOTAL ACTIVO	**33.571.300**	**TOTAL PN y PASIVO**	**33.571.300**

De la cuenta de pérdidas y ganancias se ha obtenido la siguiente información:
- Ventas: 17.000.000 €.
- Compras de materias primas: 6.100.000 €.

Otra información complementaria:

a) El movimiento de materias primas durante el ejercicio ha sido el siguiente:
  - Existencias iniciales: 600.000 €
  - Compras: 6.100.000 €
  - Materias primas incorporadas a producción (consumo de materias primas): 5.900.000 €

b) La producción en curso ha tenido los siguientes movimientos:
  - Existencias iniciales: 600.000 €
  - Producción incorporada: 8.850.000 €
  - Producción terminada (coste de la producción anual): 9.050.000 €

c) La producción terminada ha tenido los siguientes movimientos:
  - Existencias iniciales: 1.550.000 €
  - Producción terminada: 9.050.000 €
  - Producción vendida (ventas a precio de coste): 10.000.000 €

d) Los datos a 1/1/X de las cuentas de clientes (incluidos los clientes efectos a cobrar) y de proveedores (incluidos proveedores efectos a pagar) han sido 5.000.000 € y 1.600.000 € respectivamente.

Los periodos medios de las empresas del sector del mismo tamaño son:
- Cobro a clientes: 70 días.
- Pago a proveedores: 72 días.
- Almacenamiento de materias privas: 25 días.
- Periodo de fabricación: 12 días.
- Almacenamiento de productos terminados: 33 días.

Se desea conocer el periodo medio de maduración y el capital corriente necesario a efectos de comparar los datos reales de la empresa con los datos ideales.

EJERCICIO 4.2. FM real vs. FM necesario

SOLUCIÓN

Calculamos en primer lugar el PMM de la empresa real utilizando la información del balance de situación y la información adicional.

Todos los stocks medios se calculan → (existencias iniciales + existencias finales) / 2

Subperiodo de aprovisionamiento:
Stock medio de materias primas = (600.000 + 800.000) / 2 = 700.000 €
Rotación materias primas = Consumo m.p. / stock medio m.p. = 5.900.000 / 700.000 = 8.4
Pm aprovisionamiento materias primas = 365 / Rotación m.p. = 365 / 8,4 = **43,5 días**

Subperiodo de fabricación:
Stock medio de productos en curso = (600.000 + 400.000) / 2 = 500.000 €
Rotación productos en curso = Coste producción terminada / stock medio p.c. = 9.050.000 / 500.000 = 18,1
Pm fabricación = 365 / Rotación p.c. = 365 / 18,1 = **20,2 días**

Subperiodo de venta:
Stock medio de productos terminados = (1.150.000 + 600.000) / 2 = 1.075.000 €
Rotación productos terminados = Ventas a precio de coste / stock medio p.t. = 10.000.000 / 1.075.000 = 9,3
Pm venta = 365 / Rotación p.t. = 365 / 9,3 = **39,3 días**

Subperiodo de cobro:
Stock medio de clientes = (5.000.000 + 1.600.000 + 2.300.000) / 2 = 4.450.000 €
Rotación clientes = Ventas a crédito a precio de venta / stock medio clientes = 17.000.000 / 4.450.000 = 3,8
Pm cobro = 365 / Rotación clientes = 365 / 3,8 = **96 días**

Subperiodo de pago:
Stock medio de proveedores = (1.000.000 + 240.000 + 1.600.000) / 2 = 1.420.000 €
Rotación proveedores = Compras a crédito de m.p. / stock medio proveedores = 6.100.000 / 1.420.000 = 4,3
Pm venta = 365 / Rotación p.t. = 365 / 4,3 = **85 días**

PMM Económico = Pm aprovisionamiento + Pm fabricación + Pm ventas + Pm cobro
PMM Económico = 43,5 + 20,2 + 39,3 + 96 = 199 días
PMM Financiero = PMM Económico – Pm pago = 199 – 85 = 114 días

En la siguiente tabla comparamos las duraciones de los distintos subperiodos para la empresa y para el sector.

Subperiodo	Empresa	Sector	Diferencia	Efecto
Aprovisionamiento	43,5	25	18,5	La empresa tiene almacenadas las materias primas 18,5 días más que el sector
Fabricación	20,2	12	8,2	La empresa emplea en su fabricación 8,2 días más que el sector
Venta	39,3	33	6,3	La empresa tarda en vender sus productos 6,3 días más que el sector
Cobro Clientes	96	70	23	La empresa tarda en cobrar a sus clientes 23 días más que el sector
Pago Proveedores	85	72	13	La empresa tarda en pagar a sus proveedores 13 días más que el sector
PMM Económico	**199**	**140**	59	La duración del clico económico de la empresa es casi dos meses más que el sector
PMM Financiero	**114**	68	46	La empresa tiene que financiar con recursos permanentes 46 días más que el sector.

EJERCICIO 4.2. FM real vs. FM necesario

SOLUCIÓN

Calculamos en segundo lugar el FM necesario utilizando para ello los datos de la media del sector.
FM necesario = Inversiones en activos corrientes – Financiación pasivos corrientes
Todos los stocks medios necesario se calculan → Pm sector x Consumos diarios de la empresa

Materias primas:
Stock medio de materias primas = Consumo m.p. diario * PM aprovisionamiento sector
Stock medio de materias primas = (5.900.000 / 365) * 25 = **404.110 €**

Productos en curso:
Stock medio de productos en curso = Consumo p.c. diario * PM fabricación sector
Stock medio de productos en curso = (9.050.000 / 365) * 12 = **297.534 €**

Productos terminados:
Stock medio de productos terminados = Consumo m.p. diario * PM aprovisionamiento sector
Stock medio de productos terminados = (10.000.000 / 365) * 33 = **904.110 €**

Clientes:
Stock medio de clientes = Consumo m.p. diario * PM aprovisionamiento sector
Consumo diario de clientes = (17.000.000 / 365) * 70 = **3.260.274 €**

Proveedores:
Stock medio de proveedores = Consumo m.p. diario * PM aprovisionamiento sector
Consumo diario de proveedores = (6.100.000 / 365) * 72 = **1.203.288 €**

En la siguiente tabla comparamos los stocks medios tanto de activo como de pasivo reales con los stocks medios que debería tener la empresa de acuerdo con su nivel de actividad y las duraciones de los distintos subperiodos del sector.

Stock medio	Real	Necesario	Diferencia	Efecto
Materias primas	700.000	404.110	295.890	La empresa tiene un exceso de materias primas respecto al sector por valor de 295.890 €, lo cual supone una inmovilización recursos
Productos en curso	500.000	297.534	202.466	La empresa tiene un exceso de productos en curso respecto al sector por valor de 202.466 €, lo cual supone una inmovilización recursos
Productos terminados	1.075.000	904.110	170.890	La empresa tiene un exceso de productos terminados respecto al sector por valor de 170.890 €, lo cual supone una inmovilización recursos
Clientes	4.450.000	3.260.274	1.189.726	La empresa tiene un exceso de deudas de clientes respecto al sector por valor de 1.189.726 €, lo cual supone una inmovilización recursos
Total activos de explotación	6.725.000	4.866.028	1.858.972	La empresa tiene un exceso de inversiones en activo corriente respecto al sector por valor de 1.858.972 €, lo cual supone una inmovilización recursos casi un 40% superior al sector.
Proveedores	1.420.000	1.203.288	216.712	La empresa tiene deudas con proveedores superiores al sector en 216.712 €
Total pasivos de explotación	1.420.000	1.203.288	216.712	La empresa tiene un mayor volumen de financiación corriente de explotación que el sector.
FM de explotación	**5.305.000**	**3.662.740**	**1.642.260**	La empresa tiene FM de explotación superior en 1.642.260 €, lo cual supone una mayor necesidad de financiación con recursos permanentes que tienen coste financiero

La empresa tiene una mayor inmovilización de recursos, lo cual supone una menor eficiencia para la empresa en su ciclo de actividad y un mayor coste de esta. No obstante, cabría analizar si esta mayor inmovilización de recursos se ve justificada con mayores resultados de explotación. Así, por ejemplo:
- La mayor inversión en materias primas podría estar justificada por ahorres en costes de emisión de pedidos, mejores condiciones de costes de transporte, descuentos por volumen, etc.
- ¿La empresa tarda más en fabricar sus productos porque realiza una mayor diferenciación que la competencia?
- ¿Se mantiene un mayor stock de productos terminados porque se quiere garantizar el poder atender un incremento de los pedidos futuros?
- Las mayores deudas de clientes pueden deberse a la concesión de mayores aplazamientos que el sector para conseguir incrementar las ventas. actividad para la empresa.
- El mayor volumen de deuda con proveedores, ¿es consecuencia de un mayor poder de negociación o tiene la empresa problemas de liquidez que no le permiten pagan en el plazo concedido por los proveedores?

5. La financiación empresarial

CAPÍTULO 5. LA FINANCIACIÓN EMPRESARIAL

OBJETIVOS DEL CAPÍTULO

El presente tema pretende ser una introducción a la decisión de financiación de la empresa a través del conocimiento y la distinción de las diferentes fuentes de financiación al alcance de la empresa.

Se analizará la diferencia entre recursos financieros propios y recursos financieros procedentes de agentes externos o acreedores. Una vez conocida la diferencia se pasarán a analizar las características propias de cada fuente financiera, haciendo especial referencia a su coste financiero.

En último lugar, se presentará el concepto de coste medio de capital y su importancia en las decisiones financieras de la empresa como coste de oportunidad o rendimiento mínimo exigido a las inversiones.

Al finalizar el tema el alumno comprenderá:

- Cuáles son las dos grandes categorías de fuentes financieras de la empresa y sus características.
- A partir de los condicionantes que tienen los distintos tipos de financiación disponibles para la empresa qué fuente financiera es más adecuada para financiar las inversiones de la empresa, ya sean éstas a corto o a largo plazo.
- El concepto de coste medio de capital de la empresa y su importancia en las decisiones financieras.

5.1. Las fuentes de financiación empresarial.

La decisión de financiación es, junto con la decisión de inversión y la de dividendos, una de las decisiones financieras fundamentales de la empresa. La decisión de inversión determina la estructura económica o de activo de la empresa, la de dividendos señala el comportamiento de la empresa respecto a sus accionistas, mientras que la decisión de financiación permite configurar la estructura de capital o estructura financiera. Cada una de estas decisiones ha de adoptarse teniendo en cuenta su efecto sobre el valor de la empresa y su contribución al logro del objetivo financiero de maximización de dicho valor. En este sentido las decisiones de financiación deben ir dirigidas a obtener los recursos financieros necesarios para financiar los proyectos de inversión al mínimo coste. El ciclo financiero de captación de fondos e inversión (mostrado en la figura 5.1.) se desarrolla de forma continua en la empresa. Las decisiones financieras que se toman en este ciclo son la decisión de financiación (incluyendo la decisión de dividendos) y la decisión de inversión.

La empresa acudirá a los mercados financieros para obtener los recursos necesarios para la realización de inversiones, eligiendo entre las distintas fuentes de financiación propias (externas o internas) y ajenas, constituyendo la decisión de financiación. La elección entre las distintas fuentes financieras determina cuál es la estructura financiera, estructura de capital o pasivo de la empresa (1). Una vez obtenidos los recursos financieros estos serán asignados a aquellos proyectos que permitan obtener un rendimiento adecuado (2). La decisión de inversión, que relacionará a la empresa con los mercados reales, configura lo que se conoce como estructura económica o activo de la empresa. La decisión de inversión tendrá como objetivo la selección de aquellos proyectos que permitan obtener un rendimiento superior al exigido por los aportantes de fondos (3). Las inversiones generarán unas rentas que permitirán la remuneración de los aportantes de fondos, ya sean estos propietarios o acreedores, así como la autofinanciación de nuevas inversiones en la empresa (4a y 4b).

Figura 5.1. Ciclo financiero de captación e inversión de fondos.

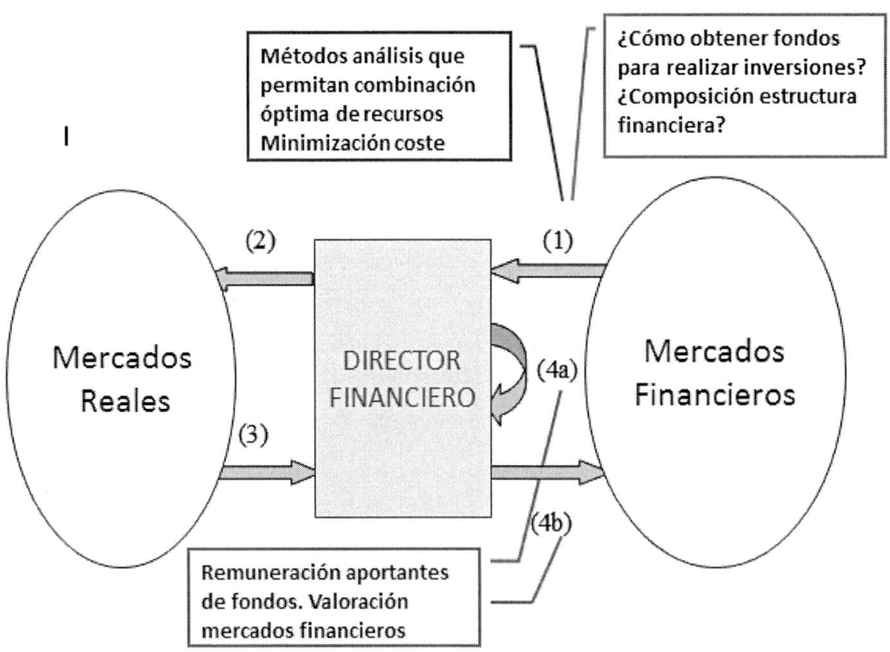

Estas actividades de inversión y financiación determinaran la situación económico-financiera de la empresa que será evaluada por los mercados, lo cual condicionará las posibilidades futuras de obtención de nuevos recursos financieros.

Tal y como hemos indicado, al hablar de recursos financieros o fuentes de financiación en la empresa nos referimos al conjunto de recursos financieros que la empresa precisa para financiar sus inversiones tanto en activos fijos como en activos circulantes.

En este tema dedicado a la decisión de financiación analizaremos las distintas fuentes de financiación con que cuenta la empresa para desarrollar su actividad. Existe una gran diversidad de recursos financieros que pueden ser empleados por las empresas, los cuales pueden ser clasificados en función de tres criterios básicos:

- **Atendiendo a su vinculación a la empresa:** podemos hablar de recursos financieros a corto plazo y recursos financieros a largo plazo.
- **Según la titularidad de los recursos:** distinguimos entre financiación propia y financiación ajena. Por financiación propia se entiende tanto la aportada por los accionistas como aquella generada por la propia empresa, mientras que por financiación ajena se entiende el conjunto de recursos cuya titularidad corresponde a terceros no propietarios de la empresa y que por tanto presentará un plazo de exigibilidad.
- **Según el origen de los recursos:** según este criterio, podemos distinguir entre financiación interna y financiación externa. La financiación interna o autofinanciación está constituida por aquellos recursos financieros que han sido generados en el interior de la empresa y, en consecuencia, no provienen de aportaciones exteriores. La financiación externa es aquella obtenida en los mercados financieros a través de la emisión de títulos, por tanto, dentro de esta categoría estaríamos incluyendo la financiación que la empresa obtiene tanto con aportaciones de sus propietarios (acciones) como con aportaciones de terceros ajenos a la propiedad de la empresa (obligaciones, financiación bancaria, crédito comercial, leasing, pagarés, etc.).

Estos criterios de clasificación no son excluyentes, sino que, por el contrario, se combinan a la hora de definir las características básicas de cada fuente financiera.

La siguiente figura muestra la clasificación de las fuentes financieras que puede emplear la empresa según estos criterios.

Figura 5.2. Las fuentes de financiación de la empresa.

La decisión de financiación será la que establezca la combinación óptima de recursos internos y externos, ajenos y propios, a largo y a corto plazo dado el objetivo financiero de creación de valor para los propietarios.

5.2. La financiación a través de fondos propios.

Los fondos propios de una empresa estarán constituidos por las aportaciones de los propietarios de la empresa, tanto en el momento de constitución de esta como en posteriores ampliaciones de capital, y los beneficios no distribuidos en forma de dividendos a los accionistas. En este apartado explicaremos ambos tipos de financiación, haciendo referencia, en primer lugar, a la financiación interna y, en segundo lugar, a la financiación propia externa.

La financiación interna o autofinanciación está integrada por aquellos recursos financieros que la empresa genera por sí misma, es decir, sin necesidad de acudir a los mercados financieros. Esta financiación interna está constituida, por tanto, por los beneficios retenidos, como por las amortizaciones y provisiones.

Los **beneficios retenidos o reservas** suponen un incremento del neto patrimonial o riqueza de la empresa por lo que genéricamente son denominados autofinanciación de enriquecimiento, mientras que las amortizaciones y provisiones son realizadas con objeto de mantener la riqueza o capital de la empresa por lo que constituyen la denominada autofinanciación de mantenimiento.

A este tipo de financiación suelen acogerse las pequeñas y medianas empresas por ser la forma más barata, segura y, en ocasiones, casi única, que tienen para financiarse, puesto que estas empresas no suelen tener acceso al mercado de valores y, a veces, se encuentran con dificultades para obtener créditos a un coste accesible[12].

Figura 5.3. Fuentes de financiación interna.

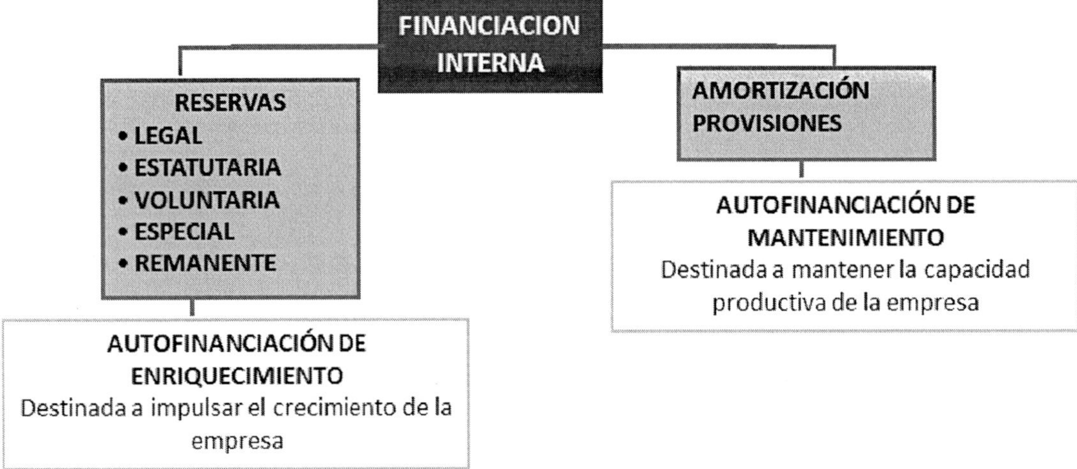

5.2.1. Autofinanciación de mantenimiento.

Las **provisiones** son retenciones de beneficios que se hacen en la empresa con objeto de constituir un fondo que permita hacer frente a pérdidas y gastos que no se han producido, pero se espera tengan lugar en el futuro, como, por ejemplo: pagos de pensiones, pagos de impuestos, responsabilidades procedentes de litigios en curso, indemnizaciones, etc.

[12] Un peligro que en ocasiones se presenta en las pequeñas empresas es que, por sistema, se acostumbren a autofinanciarse y apenas acudan a la financiación externa, perdiendo posibilidades rentables de inversión, pues si la empresa genera una rentabilidad económica muy superior al coste de la deuda y su apalancamiento esta equilibrado, parece lógico que acuda a la financiación externa con el fin de incrementar sus inversiones.

Por su parte, conceptualmente, la **amortización**[13] es la imputación a resultados de la depreciación de los elementos patrimoniales, derivada de la pérdida de valor que éstos presentan como consecuencia de su utilización en el proceso productivo o por el mero transcurso del tiempo, con objeto de generar un fondo que permita reponer el bien amortizado al final de su vida útil de forma que la empresa pueda seguir manteniendo su nivel de actividad.

Las causas que llevan a pérdida de valor de los bienes de equipo son varias:

- **Depreciación física**: los bienes de equipo pierden valor con su uso normal dentro de la actividad de la empresa. Una correcta política de mantenimiento y conservación puede reducir o retrasar esta pérdida de valor, pero no evitarla.
- **Depreciación por obsolescencia**: el paso del tiempo o cambios en el volumen de actividad de la empresa pueden generar que un elemento patrimonial quede obsoleto, es decir, fuera de uso, quedando anticuado respecto a otros elementos patrimoniales[14].
- **Depreciación por agotamiento o caducidad**: en ciertas empresas, por ejemplo, las extractivas, los elementos del activo fijo pierden valor como consecuencia del agotamiento del recurso natural que se está explotando[15].

Los principales métodos de amortización empleados por las empresas son:

- Amortización lineal: en cada ejercicio se carga la misma cuota de dotación por amortización. La cuota es obtenida dividendo el valor del bien entre los años de la vida útil.
- Amortización por dígitos: la cuota se calcula por medio del producto de la base de la amortización (coste del bien menos su valor residual), por una fracción en la cual el denominador es igual al sumatorio de los años de vida útil del bien y el numerador se corresponde con los años de vida esperada que le restan al bien o los años de vida amortizados del bien, dependiente de si se sigue un criterio de amortización decreciente o creciente respectivamente.
- Amortización decreciente: es similar al de un préstamo donde la deuda se devuelve mediante la entrega de cantidades cada vez más reducidas, debido a que la cuota de amortización del principal es constante, mientras que la cuota de interés disminuye, ya que se calcula sobre el principal pendiente de amortización.
- Amortización creciente: las cuotas o dotaciones aumentan cada año con arreglo a un criterio preestablecido.

Tal y como acabamos de explicar, la amortización permite mantener la capacidad productiva de la empresa, pero la amortización también cumple una importante función financiera dentro de la empresa si tenemos en cuenta la siguiente explicación:

---

[13] Debemos distinguir entre amortizaciones técnicas, que son las que se corresponden con la autofinanciación de mantenimiento, y amortizaciones financieras, que son aquellas que se corresponden con la devolución fraccionada de un préstamo. Las amortizaciones técnicas proporcionan liquidez a la empresa mientras que las financieras se la restan.

[14] La obsolescencia en la empresa puede ser de varios tipos. Obsolescencia tecnológica: los procesos de innovación tecnológica pueden hacer que aparezcan en el mercado equipos más perfeccionados que llevan a que los equipos que utilice la empresa sean antieconómicos por falta de competitividad o por que los nuevos produzcan a menores costes, sean más seguros, más fáciles de manejar, etc. La obsolescencia puede aparecer por cambios en la demanda que lleven a exceso o defecto de capacidad productiva de los equipos de la empresa. Y también puede aparecer obsolescencia en los equipos como consecuencia de la variación relativa de las retribuciones de los factores productivos, por ejemplo, para cierto nivel salarial los equipos de la empresa pueden ser correctos, pero para otro nivel distinto pueden ser mejores aquellos equipos que permitan el ahorro de mano de obra.

[15] Otro ejemplo serían las empresas beneficiarias de una concesión administrativa para explotar cierto negocio o servicio (autopistas de peaje, servicio de limpieza de un hospital, etc).

La pérdida de valor que experimentan los equipos constituye un gasto que se carga como coste de producción, de forma que cuando la empresa vende y cobra sus productos obtiene unas cantidades de dinero que le permiten recuperar el valor de los factores incorporados a los productos. De estas cantidades obtenidas, una parte se destinará al pago de materiales, energía, salarios, etc., pero la parte correspondiente al coste de amortización se queda en la empresa constituyendo un fondo, cuya misión es compensar la pérdida de valor experimentada por los activos de la empresa que se deprecian. Estos fondos van creciendo año a año por el importe correspondiente a la depreciación del activo, y al final de su vida útil la empresa podrá reponer los equipos haciendo uso de las cantidades que ha ido acumulando en el fondo de amortización. En este sentido, la amortización constituye una fuente interna de recursos financieros muy importante, ya que desde que comienza la depreciación de los equipos hasta la fecha en que hay que reponerlos suele transcurrir un período de tiempo bastante largo, pudiendo la empresa utilizar los recursos que va acumulando para hacer frente a sus necesidades financieras en lugar de tenerlos improductivos en una caja fuerte. El único requisito a esta actuación será obviamente que llegado el momento de la reposición de los equipos la empresa disponga de los recursos que ha ido acumulando.

Este uso o empleo financiero de las amortizaciones estará lógicamente condicionado a la propia situación de la empresa de forma que, en épocas de expansión la amortización constituirá una fuente financiera sumamente importante para poder realizar las inversiones, mientras que en épocas de estabilidad o recesión los recursos obtenidos con la amortización podrán destinarse a la devolución de deudas (aumentando así la autonomía financiera de la empresa).

Las amortizaciones realizadas en la empresa sirven, en determinadas condiciones, no sólo para mantener la capacidad productiva de la empresa, sino también para financiar la expansión de esta[16].

Se plantea que las cantidades destinadas a amortización pueden ir destinándose a adquirir nuevos equipos productivos, de forma que la amortización no sólo mantiene intacta la capacidad productiva de la empresa (que es su función básica), sino que también financia la expansión o crecimiento de la actividad empresarial. Para que este efecto se produzca deberían darse los siguientes supuestos[17]:

- La empresa debe encontrarse en una fase de crecimiento que precise una creciente utilización de bienes de equipo.
- Ausencia de obsolescencia técnica. El progreso técnico no debe afectar ni a la duración de los equipos que están siendo amortizados, ni a su coste, ni a su capacidad productiva.
- Los equipos productivos deben presentar cierto grado de divisibilidad de forma que la capacidad productiva de la empresa pueda ir completándose con sucesivas adquisiciones sin necesidad de deshacerse de equipos antiguos.
- La capacidad productiva de los equipos debe mantenerse a lo largo de su vida útil.
- No existe inflación.

[16] Este efecto se denomina en la literatura normalmente como "*efecto Lohmann-Ruchti*" al ser estos autores quienes lo analizan en primer lugar.
[17] En caso de no cumplirse todos los supuestos el efecto Lohmann-Ruchti también se podría producir, aunque en menor cuantía.

5.2.2. *Autofinanciación de enriquecimiento: reservas*

La autofinanciación de enriquecimiento está formada por aquellos beneficios de libre disposición que no se reparten a los propietarios de la empresa, sino que se retienen en la misma con objeto de realizar nuevas inversiones e impulsar el crecimiento empresarial[18].

Contablemente en el balance de una empresa estos beneficios retenidos se reflejan en las partidas de reserva legal, estatutaria, de revalorización, voluntaria, especial y remanente.

- **Reserva Legal**: se crea por el precepto legal que obliga a destinar cierto porcentaje de los beneficios a autofinanciación de la empresa[19]. La ley de sociedades anónimas establece el marco legal de la cantidad que, como mínimo, se debe destinar en todos los ejercicios económicos a esta partida.
- **Reserva Estatutaria**: se reserva una parte de los beneficios cumpliendo lo establecido en los estatutos de la sociedad, siendo esta reserva, por tanto, un complemento de la anterior.
- **Reserva Voluntaria**: se asignan recursos con el fin de reforzar las dos reservas anteriores.
- **Reservas Especiales**: son aquellas que se constituyen al amparo de disposiciones legales obligatorias.
- **Resultados pendientes de aplicación:** esta partida está constituida por el remanente, los resultados negativos de ejercicio anteriores y el resultado del ejercicio.
    - **Remanente**: beneficios no repartidos ni aplicados específicamente a ninguna otra partida, tras la aprobación de las cuentas anuales y de la distribución de resultados.
    - **Resultados negativos de ejercicios anteriores**: pérdidas de ejercicios anteriores, por lo que constituyen un menor patrimonio neto empresarial.
    - **Resultado del ejercicio**: resultado positivo o negativo del último ejercicio cerrado, que se encuentra pendiente de aplicación.

Es posible que exista autofinanciación de enriquecimiento que no figure expresamente dentro de las partidas de fondos propios de la empresa, como es el caso de las denominadas reservas ocultas. Las reservas ocultas son aquellas que se derivan de una valoración inferior al valor real de los elementos patrimoniales de la empresa o de una sobrevaloración de las partidas de pasivo exigible.

Estas partidas de autofinanciación o beneficios no distribuidos son necesarias en la empresa con objeto de que ésta se pueda mantener en el mercado y pueda tener cierta capacidad de crecimiento. Por ello, desde el punto de vista económico-financiero se considera a la

---

[18] No todas las cuentas de reservas que figuran en el patrimonio del balance de situación de una empresa proceden de beneficios retenidos, sino que pueden tener otros orígenes diferentes. Nos referimos a las reservas por operaciones de capital y a las reservas por aportaciones de socios o propietarios. Entre las reservas por operaciones de capital se encuentra la prima de emisión que surge en la constitución de la empresa o en posteriores ampliaciones de capital cuando las acciones se emiten por un precio superior al nominal de las mismas. Las reservas por aportaciones de socios recogen el valor de los elementos patrimoniales entregados por los socios o propietarios, siempre que no constituyan contraprestación por la entrega de bienes o prestación de servicios realizados por la empresa, ni tengan naturaleza de pasivo.

[19] De acuerdo con el RD Legislativo 1/2010, de 2 de julio, por el que se aprueba el texto refundido de la Ley de Sociedades de Capital, se asignará anualmente un 10% de los beneficios de la sociedad hasta que el fondo constituido alcance al menos el 20% del capital social. La reserva legal constituye en la práctica una limitación a la distribución de beneficios a los accionistas hasta garantizar que la empresa tiene una estructura de capital que le permita hacer frente a sus futuras obligaciones y pérdidas.

autofinanciación, ya sea de enriquecimiento o de mantenimiento, como una fuente de financiación de carácter permanente.

La autofinanciación como recurso financiero de la empresa presenta una serie de ventajas e inconvenientes que son necesarios considerar:

Las **ventajas de la autofinanciación** son:

- ➡ Permite a la empresa disfrutar de una mayor autonomía financiera y libertad de acción. Tanto la ampliación de capital como la ampliación del endeudamiento exigen una serie de trámites que necesitan tiempo y originan gastos a la empresa.
- ➡ Las reservan constituyen para la sociedad una fuente de recursos financieros que no es necesario remunerar explícitamente.
- ➡ Para muchas PYMES constituye prácticamente la única forma de obtener recursos financieros a largo plazo.
- ➡ Permiten la expansión empresarial.
- ➡ Implican un ahorro fiscal.

Los **inconvenientes de la autofinanciación** son:

- ➡ La autofinanciación cuando lleva a una acumulación excesiva es contraria al propio espíritu del contrato de sociedad, ya que no se remunera a los accionistas su aportación a la sociedad. No obstante, hay que tener en cuenta que la autofinanciación puede revalorizar el valor de la participación del accionista a medio o largo plazo.
- ➡ La autofinanciación puede llevar a realizar inversiones poco rentables en la empresa puesto que, en principio, son unos recursos financieros que no han sido difíciles de obtener y que no hay que remunerar.
- ➡ En ocasiones impide que se realicen inversiones rentables ya que cuando surge la necesidad de recursos financieros para invertir no se dispone de recursos suficientes o éstos ya están comprometidos en otra inversión.
- ➡ La autofinanciación se logra reduciendo dividendos, por lo tanto, lleva a una disminución de la rentabilidad de las acciones[20], lo cual podría dificultar el acceso de la empresa al mercado de capitales.

Finalmente, el gestor financiero debería actuar tratando de mejorar la autofinanciación de la empresa, en este sentido:

- La mejor forma de generar fondos internos consiste en controlar las entradas y salidas de tesorería.
- La autofinanciación implica maximizar el efectivo generado por el tráfico mercantil.
- La administración eficiente de los flujos de caja está en la base de una mejora de la capacidad de autofinanciación.

[20] Teóricamente la retención de beneficios no debería repercutir sobre la cotización de las acciones dado que menores dividendos presentes se compensarían con mayores ganancias de capital futuras, sin embargo, empíricamente se ha comprobado que la retención de beneficios al disminuir la rentabilidad de las acciones disminuye el valor de las acciones en bolsa, probándose así que el inversor en bolsa prefiere rentabilidad inmediata para sus inversiones.

5.2.3. *Financiación propia externa: emisión de acciones.*

Además de los recursos internos con que cuenta la empresa para su financiación, que acabamos de analizar, existen otros recursos procedentes del exterior de la empresa que son aportados tanto por los propietarios de esta como por terceros ajenos. En este sentido, la financiación externa puede desglosarse en dos grandes bloques:

- ➧ Financiación a través de capital.
- ➧ Financiación a través de deuda.

En el primer caso, estaríamos refiriéndonos a los recursos financieros que son aportados por los propietarios de la empresa mediante las aportaciones iniciales de capital en la constitución de la empresa o en posteriores ampliaciones de capital.

Con financiación a través de deuda estaríamos haciendo referencia a la financiación obtenida mediante la emisión de obligaciones en los mercados financieros, así como a la financiación bancaria obtenida en los mercados crediticios con créditos y préstamos a corto, medio y largo plazo.

Siendo también reseñables, fundamentalmente para el caso de las Pymes, la financiación obtenida a través del crédito comercial y el descuento bancario. También constituyen financiación externa otras fuentes de financiación como el *leasing*, el *factoring*, el *renting*, etc., pero por sus especiales características serán tratados de forma diferenciada en el último apartado del tema.

La emisión de acciones es una forma de obtener recursos financieros con carácter permanente. De acuerdo con el RD Legislativo 1/2010, de 2 de julio, por el que se aprueba el texto refundido de la Ley de Sociedades de Capital, las acciones representan partes alícuotas del capital social y confieren a su propietario el título de accionista o socio de la empresa. Podemos distinguir dos grandes grupos de accionistas: los denominados accionistas de referencia y los accionistas minoritarios.

Se consideran accionistas de referencia aquellos que cuentan con un porcentaje de participación que les permite intervenir o influir en la gestión de la compañía. Mientras que son accionistas minoritarios aquellos que tienen escasa o nula capacidad de influir en la empresa, salvo que actúen de forma agrupada.

No pueden emitirse acciones por cifra inferior a su valor nominal[21], puesto que deben responder a una efectiva aportación patrimonial a la sociedad. Si es lícita la emisión de acciones con prima, es decir, con valor superior al nominal.

Las acciones pueden estar representadas mediante títulos o anotaciones en cuenta (en el caso de empresas cotizadas la normativa exige esta representación).

Las acciones pueden ser de diferentes clases, dependiendo de los derechos que proporcionen a sus socios.

- Acciones ordinarias: son aquellas que confieren los derechos económicos y políticos normales.
- Acciones privilegiadas: confieren a su titular un derecho especial sobre las ganancias de la sociedad respecto del que corresponde a las acciones ordinarias y comunes, es decir, tienen preferencia para el cobro de dividendos y en caso de liquidación de la empresa.

---

[21] Valor nominal de las acciones: valor facial de las acciones. No es representativo del verdadero valor de las acciones, constituye un mero valor de referencia. El verdadero valor de las acciones sería el valor de cotización o valor en el mercado. También podemos hacer referencia al valor teórico o valor contable de las acciones que vendría dado por el valor del patrimonio neto de la empresa entre el número total de acciones.

- Acciones sin voto: en nuestro país las acciones sin voto son aquellas que no confieren a su titular el derecho a votar en las Juntas Generales, pero a cambio otorgan un dividendo anual mínimo que no puede ser inferior al 5% del capital desembolsado por cada acción sin voto más el dividendo que corresponde a las acciones ordinarias. También tienen prioridad respecto al resto de accionistas en caso de liquidación de la sociedad.
- Acciones rescatables: acciones que pueden ser amortizadas o rescatadas por la sociedad emisora a solicitud de ésta, de los accionistas o de ambos: esto las diferencia de los demás tipos de acciones, que tienen una duración indeterminada. En los acuerdos de emisión se fijan las condiciones para el ejercicio de resecate, pudiendo hacerse con cargo a beneficios, reservas libres, emitiendo nuevas acciones o bien reduciendo capital con devolución de aportaciones. En caso de que sólo el emisor tenga derecho al rescate, éste no podrá ejercitarlo antes de que hayan transcurrido 3 años desde la emisión de las acciones.

En los informes de analistas y en los medios de comunicación en general es frecuente encontrar otras calificaciones de acciones, pero que no constituyen tipos de acciones según la regulación. Hay que ser cautos con estos conceptos pues no dejan de ser clasificaciones subjetivas. Algunos ejemplos de estas clasificaciones son los siguientes:

- Valores estrella o “blue chips”: compañias de elevada capitalización bursatil y alta liquidez.
- Valores especulativos o “chicharros”: empresas de cualquier sector, por lo general de pequeño o mediano tamaño y baja capitalización, con alto componente especulativo y por tanto elevado riesgo.
- Valores cíclicos o no cíclicos: en referencia a que la generación de beneficios está ligada al carácter cíclico de su actividad.
- Valores “small caps”: hacen referencia a empresas de mediana y pequeña capitalización pero de crecimiento y generadoras de beneficios.

El poseedor de una acción tiene una serie de derechos económicos y políticos como propietario de la empresa[22].

Los derechos económicos de los accionistas son:

- Derecho al dividendo o reparto de los beneficios sociales: una vez constituida la reserva legal, el accionista tendrá derecho a un dividendo que se pagará sobre el nominal desembolsado por cada acción.
- Derecho preferente de suscripción: el accionista tiene la posibilidad de suscribir preferentemente acciones nuevas emitidas en ampliaciones de capital con el fin de mantener su proporción en el capital de la sociedad y compensar la previsible pérdida de valor de las acciones antiguas como consecuencia de la ampliación.
- Derecho a participar del patrimonio resultante: en el caso de liquidación y después de confeccionar el balance de liquidación se procederá a la división del patrimonio resultante entre las acciones de acuerdo con lo establecido en los estatutos.

Por su parte, los derechos políticos son:

- Derecho de voto en las Juntas Generales: las acciones proporcionan a su titular el derecho de voto en las Juntas Generales, si bien, los estatutos de la sociedad podrán exigir la posesión de un número mínimo de acciones.

---

[22] Una explicación más detallada del conjunto de derechos que tienen los accionistas de una sociedad puede encontrarse en el documento “*El accionista de una compañía cotizada*” elaborado por la CNMV y descargable en su página web *www. cnmv.es*

- Derecho de información: el accionista deberá tener una información periódica de la situación patrimonial y de resultados de la empresa y cualquier otra información que considere de interés para el normal funcionamiento de la sociedad.

La siguiente tabla resume los derechos económicos y políticas de los accionistas.

Tabla 5.1. Derechos de los accionistas de una sociedad anónima.

DERECHOS ECONÓMICOS	*DERECHO POLÍTICOS*
Derecho al dividendo Es la parte del beneficio que la Junta general de accionistas decide repartir, a propuesta del Consejo de Administración. Las compañías cotizadas suelen hacer pública la política de dividendos poniéndola a disposición de los inversores.	**Derecho de información:** El ejercicio de este derecho es fundamental para un adecuado seguimiento de las inversiones. Difícilmente podrá un accionista defender de forma responsable sus derechos si previamente no se ha informado.
Derecho de suscripción preferente: Cuando una sociedad lleva a cabo una ampliación de capital, o emite obligaciones convertibles en acciones, los accionistas gozan de preferencia en la suscripción de las nuevas acciones u obligaciones. Este derecho se negocia en la bolsa. No obstante, la Junta general de accionistas puede decidir su exclusión.	**Derecho de asistencia y voto en las Juntas generales de accionistas:** La participación activa en las Juntas generales de accionistas o en el Consejo de Administración, así como a ejercitar la acción de responsabilidad contra los administradores, en las condiciones previstas legalmente.
Derecho a la cuota de liquidación: Si la sociedad llegara al liquidarse, los accionistas tendrían derecho a recibir la parte proporcional a su participación, después de que la compañía haya satisfecho sus obligaciones frente a los acreedores.	

Fuente: Guía CNMV "El accionista de una compañía cotizada"

Las acciones tienen distintos valores en función de la información y los métodos utilizados para su cálculo:

- Valor nominal: es el valor que tienen las acciones en el momento de su emisión. Es el resultado de dividir el capital social de la empresa entre el número de acciones.

  Valor nominal = Capital social / Número de acciones

- Valor contable: se basa en el valor que aparece en los libros de contabilidad de la empresa. En principio, no es una buena referencia del valor real de la empresa, si bien, se pueden realizar ajustes de tal forma que refleje más fielmente dicho valor.

  Valor contable = Patrimonio neto / Número de acciones

- Valor de liquidación: se basa en conocer el posible valor de la empresa en el supuesto de que se vendiesen sus activos y se realizase el pago del saldo de acreedores y de otros pasivos derivados del cierre o liquidación de la empresa.

  Valor de liquidación = Patrimonio neto- gastos liquidación / Número de acciones

- Valor de mercado: se basa en el valor de cotización de la empresa en el mercado de valores, es decir, en su capitalización bursatil. Este valor es resultado de la oferta y demanda, por lo que varía continuamente en función de las expectativas de la empresa, del sector, del país en el que realiza su actividad, la situación económica y bursatil, etc.

La adquisición de acciones de una empresa cotizada frente a una empresa que no cotiza reporta a su propietario una serie de ventajas que deben ser tenidas en cuenta:

- Liquidez: tal y como acabamos de indicar, las acciones de una empresa cotizada se negocian en un mercado regulado, lo cual supone que las distintas operaciones de compra-venta se realizan a través de intermediarios autorizados y bajo reglas de actuación. Sin embargo, si la empresa no cotiza el inversor deberá buscar contrapartida para realizar las operaciones de compra-venta, lo que puede complicar y encarecer el proceso. No obstante, debemos tener en cuenta que no todas las sociedades cotizadas tienen la misma liquidez. La liquidez de las acciones dependerá, fundamentalmente, del tamaño de la empresa y del denominado capital flotante o *free-float.* El capital flotante es la parte del capital social de una empresa que se encuentra en manos de pequeños inversores. En principio cuanto mayor es el tamaño de la empresa y mayor capital flotante tiene, mayor será la liquidez de sus acciones.
- Valor objetivo: cuando las acciones de una empresa cotizan en bolsa el mercado asigna un precio o valor como resultado de la oferta y la demanda total. Sin embargo, la valoración de una empresa no cotizada no está determinada por el mercado, por lo que es más dificil estimar el precio de las acciones.
- Transparencia: las sociedades cotizadas están obligadas a suministrar toda información que pueda afectar al precio de las acciones, a través de sus páginas web y mediante comunicaciones a la CNMV.

Una de las fórmulas que más frecuentemente utilizan las grandes empresas para financiarse es por medio de las ampliaciones de capital. La ampliación de capital puede ser de dos tipos dependiendo del tipo de aportaciones que hagan los accionistas:

- Dineraria: supone la emisión de nuevas acciones.
- No dineraria: por incremento del valor nominal de las acciones existentes o por transformación de reservas en capital.

La forma de realizar ambos tipos de ampliación es:

- A través de nuevas aportaciones: en este caso el objetivo es incrementar los medios financieros a disposición de la empresa.
- Por compensación de créditos contra la sociedad: se transforma pasivo exigible en capital.
- Por transformación de reservas o beneficios: las reservas disponibles, las primas de emisión y la parte de reserva legal que exceda del 20% del capital podrán transformarse en capital social.

- Por conversión de obligaciones en acciones: se transforma el pasivo exigible en capital, al pasar los antiguos obligacionistas de acreedores a accionistas.
- Por transformación de plusvalías en capital: la operación se efectúa por mera actualización del valor de un bien y sus correspondientes amortizaciones.
- Por absorción: la sociedad absorbida transmite su patrimonio a la sociedad absorbente por lo que ésta amplia capital para remunerar a los accionistas de la absorbida.

De estas formas únicamente la primera supondría un incremento en la financiación disponible de forma directa, mientras que la compensación de créditos o la conversión de obligaciones permiten mejorar la situación financiera de la empresa al pasar ésta a no pagar cargas financieras.

Los factores que determinan que una emisión de acciones tenga éxito son:

- Precio de emisión: si el precio se sitúa por encima de la cotización de las acciones antiguas, los potenciales suscriptores preferirán comprar títulos viejos en el mercado secundario, fracasando por completo la emisión. Por ello, la emisión debe realizarse a un precio inferior a la cotización de las acciones antiguas en el mercado. Cuanto menor sea el precio de emisión, mayor será el valor de los derechos de suscripción, y más fácil será vender las nuevas acciones, pero menos recursos financieros obtendrá la empresa.
- Volumen: si la emisión representa un porcentaje escaso con relación a las acciones existentes resultará más atractiva. (Si la ampliación es una acción nueva por 4 antiguas resultará más fácil colocar la nueva emisión que si la proporción es 1 a 1).
- Momento: en fase ascendente del ciclo económico es más fácil que la ampliación tenga éxito entre los inversores que en el caso de momentos de crisis o recesión.
- La intervención de una importante institución financiera o banco puede resultar un factor muy significativo.

El mayor número de acciones como consecuencia de una ampliación de capital erosiona el poder de control en la empresa de los antiguos accionistas y produce un quebranto económico para dichos accionistas debido al efecto de dilución del valor de las acciones por dos motivos:

- La cotización de las acciones disminuye debido a la emisión de nuevas acciones a un precio de emisión inferior a la cotización previa en el mercado.
- El valor teórico de las acciones disminuye debido a la dilución de las reservas como resultado del mayor número de acciones. Son los antiguos accionistas los que han aportado autofinanciación, no los nuevos. Incluso la emisión de nuevas acciones afectará a los beneficios por acción si la empresa no logra incrementar más que proporcionalmente los beneficios para los accionistas.

Estas son las razones fundamentes que justifican la existencia de un derecho preferente de suscripción para los antiguos accionistas. El derecho de suscripción permite:

- Que los antiguos accionistas puedan conservar su poder de control en la empresa.
- Compensar a los antiguos accionistas de la dilución del valor de sus acciones.

Al ampliar capital, la empresa otorgará a los antiguos accionistas tantos derechos de suscripción como acciones antiguas, y exigirá en la ampliación por cada acción nueva un número de derechos igual al cociente del número de acciones antiguas entre el de nuevas. Así, ante una ampliación de capital el antiguo accionista puede tomar distintas posiciones:

- Acudir a la ampliación ejerciendo la totalidad o parte de sus derechos y desembolsando por las acciones el precio de emisión.
- No acudir a la ampliación y proceder a la venta de sus derechos en el mercado.
- Adquirir derechos en el mercado para poder adquirir más acciones de las que podría adquirir si ejerciera la totalidad de sus derechos.

El valor del derecho de suscripción va a depender de cuatro factores:

1. El número de acciones nuevas (N)
2. El número de acciones antiguas (A)
3. La cotización de las acciones antiguas antes de la ampliación de capital (P_0)
4. El precio de emisión de las acciones nuevas (P_e)

La cuantía del valor teórico de cada derecho de suscripción (D) es la diferencia entre la cotización de las acciones antes de la ampliación de capital y la cotización teórica después de la ampliación (P_1).

Ésta se calcula como una media ponderada del precio de las acciones antes de la ampliación y del precio de emisión, ponderados cada uno por el correspondiente número de acciones.

La siguiente figura muestra el esquema temporal de una ampliación de capital y las variables asociadas a cada momento que permiten calcular el valor teórico del derecho preferente de suscripción.

Figura 5.4. Valor teórico del derecho preferente de suscripción.

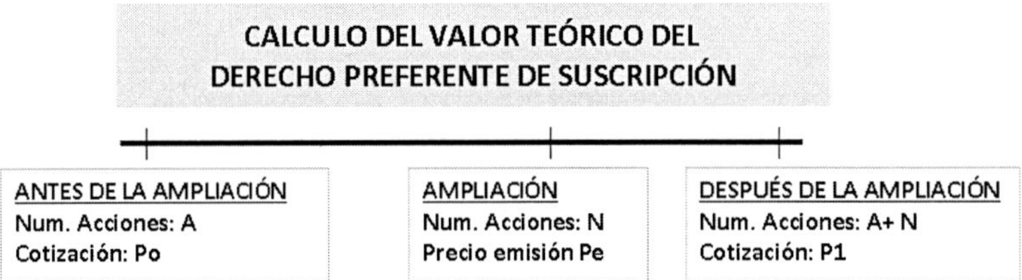

La expresión que permite calcular el valor teórico del derecho preferente de suscripción es la siguiente:

$$D = P_0 - P_1 = P_0 - \frac{A \cdot P_0 + N \cdot P_e}{A+N} = \frac{P_0 - P_e}{1+\frac{A}{N}}$$

El coste de las acciones nuevas en la ampliación será:

- Para un antiguo accionista: P_e.
- Para un nuevo accionista: P_e + (A/N) x D

Explicamos de forma práctica cómo calcular el valor teórico del derecho preferente de suscripción en el siguiente ejercicio.

EJERCICIO 5.1. El derecho preferente de suscripción

La empresa Selecta necesita fondos para realizar una inversión por importe de 10 millones de €, para lo cual lleva a cabo una ampliación de capital en la que se emitirán 10.000 acciones.

La cotización actual de las acciones es del 160%, siendo el valor nominal de 1.000 €. El número de acciones en circulación antes de la ampliación es de 20.0000.

a) Calcular el precio al que deben emitirse las nuevas acciones y el valor teórico del derecho preferente de suscripción.

El Sr. Wilson, accionista de la empresa posee 140 acciones antes de la ampliación de capital. Dispone de 3.500 € para acudir a la ampliación de capital y desea suscribir el máximo número posible de acciones.

b) Diseñar la operación que permita al Sr. Wilson alcanzar su objetivo.

EJERCICIO 5.1. El derecho preferente de suscripción

SOLUCIÓN

a) Calculamos en primer lugar el Precio de emisión de las acciones:

Necesidades financieras = Nº de acciones nuevas x Precio de emisión →

→ 10.000.000 = 10.000 x Precio de emisión → Precio de emisión = 10.000.000/10.000 = **1.000 €**

Una vez conocido el Precio de emisión calculamos el valor teórico derecho preferente de suscripción:

$$VTD = P_0 - \frac{A \times P_0 + N \times P_E}{A + N} \rightarrow$$

$$\rightarrow VTD = 160\ \% \times 1.000 - \frac{20.000 \times 160\% \times 1.000 + 10.000 \times 1.000}{20.000 + 10.000} = 1.600 - 1.400 = \mathbf{200\ €}$$

Las características de la ampliación son:
- Acciones emitidas: 10.000
- Precio de emisión: 1.000 €
- Proporción: 1 / 2
- Valor teórico del derecho preferente de suscripción = 200 €

b) Diseñamos la operación que debe realizar el Sr. Wilson para poder adquirir el máximo número de acciones en la ampliación.

El Sr. Wilson dispone de 140 acciones, por lo que posee 140 derechos de suscripción.

Si adquiere todas las acciones que puede con sus derechos podría comprar 140 / 2 = 70 acciones

Precio adquisición 70 acciones = 70 x 200 = 14.000 €

El Sr. Wilson únicamente dispone de 3.500 € en efectivo, por lo que no podría adquirir todas las acciones a las que tendría derecho de acuerdo con su participación en la empresa.

El Sr. Wilson debe realizar una "operación blanca" para poder adquirir el máximo número de acciones.

Fondos disponibles para acudir a la ampliación= Efectivo + efectivo por venta de derechos →

→ Fondos disponibles = 3.500 + 200 x Derechos vendidos

Fondos empleados en la adquisición de acciones = P_e x Nº de acciones a comprar →

→ Fondos empleados = P_e x (Nº de derechos – Derechos vendidos) x Proporción →

→ Fondos empleados = 1.000 x (140 – Derechos vendidos) x 1/2

Igualamos ambas expresiones y despejamos la variable Derechos vendidos

3.500 + 200 x Derechos vendidos = 1.000 x (140 – Derechos vendidos) x 1/2

Derechos vendidos = 95 derechos → Efectivo obtenido en la venta = 95 x 200 = 19.000 €

Efectivo total = 3.500 + 19.000 = 22.500 €

Acciones que puede adquirir = 22.500 / 1.000 = 22,5 acciones

Efectivo empleado = 22 x 1.000 = 22.000 € (le sobran 500 €)

Comprobamos que tras vender los derechos le quedan los suficientes para poder adquirir las 22 acciones nuevas.
Derechos necesarios = 22 x 2 = 44 derechos
Derechos vendidos = 95 derechos
Derechos totales = 44 +95 = 139 derechos

5.3. La financiación ajena.

Los recursos propios (autofinanciación más emisión de acciones) no suelen ser suficientes para cubrir las necesidades financieras de la empresa por lo que la misma tiene que acudir a financiación externa ajena, es decir, la empresa debe endeudarse, ya sea acudiendo al mercado de crédito o bien a la emisión de activos financieros.

Las empresas utilizan la financiación mediante empréstitos, es decir, emisión de obligaciones, bonos, pagarés, etc., cuando no es posible obtener la cuantía financiera que necesitan en condiciones económicas aceptables (en cuanto a coste, vencimiento, etc.) a través de crédito o préstamo bancario. En estas circunstancias, las empresas consiguen la financiación necesaria dividiendo el importe que necesitan en pequeños títulos que colocan entre varios ahorradores privados[23].

5.3.1. Emisión de empréstitos.

Las obligaciones son títulos de renta fija que representan partes alícuotas de un crédito contra la sociedad emisora e incorporan, por tanto, derechos de crédito, es decir, el poseedor de una obligación será acreedor de la empresa, por lo que tendrá derecho a la remuneración y amortización del crédito y derecho sobre los bienes de la empresa en caso de liquidación, pero no podrá participar en las decisiones ni en la gestión de la empresa. Los emisores de estos títulos tienen, salvo en el caso de ciertas excepciones previstas en la normativa[24], la obligación de publicar un folleto cuando se oferten al público o se admitan a cotización en un mercado regulado de un estado miembro de la Unión Europea.

El inversor en renta fija debe familiarizarse con algunos conceptos como los siguientes:

- Precio de emisión: precio efectivo de cada valor en el momento de la suscripción. Normalmente coincide con el valor nominal, aunque en algunos casos puede ser inferior o superior, según se emita al descuento o con prima.
- Precio de reembolso: es el que recibe el inversor en el momento de la amortización y aunque suele coincidir con el valor nominal, a veces puede ser inferior o superior, figurando en todo caso en las condiciones de la emisión.
- Amortización: se refiere a la devolución del capital inicial a la fecha de vencimiento del activo. Puede estar pactada la posibilidad de amortización anticipada, bien a opción del emisor o del inversor y, en ambos casos, esta puede ser total o parcial. Cuando está prevista una amortización parcial anticipada a opción del emisor, se realizará por sorteo o por reducción del nominal de los valores, afectando a todos los inversores.
- Prima de reembolso: cuando en la fecha de amortización el emisor abone una cantidad superior al nominal de los títulos, la diferencia entre ambos es la prima de reembolso.
- Cupones: importe de los pagos periódicos (trimestrales, semestrales, anuales, etc.) de intereses pactados en la emisión.
    - A la parte del cupón devengada y no pagada en una fecha determinada entre el cobro de dos cupones se le denomina cupón corrido. Su importe se añade al valor del bono cuando se compra o vende en el mercado secundario con cotización ex-cupón.

[23] La legislación mercantil permite a las empresas la emisión de series impresas y numeradas de obligaciones y otros títulos que reconozcan o creen una deuda, siempre que el importe total de las emisiones no sea superior al capital social desembolsado más las reservas que figuren en el último balance aprobado más las cuentas de actualización de balances, cuando hayan sido aceptadas por el Ministerio de Hacienda.

[24] Existen algunas excepciones en función del tipo de valor, del importe de la oferta o de las características de esta.

- Cupón cero: los intereses se abonan al vencimiento junto con el principal. Remuneración implícita en forma de prima de amortización al vencimiento. Generalmente tienen vencimiento a corto o medio plazo.

Interés implícito= Valor reembolso – Valor nominal

- Al descuento: valores cupón cero, a corto plazo, en los que se descuenta al inversor el importe de los intereses en el momento de la compra y se le reembolsa el valor nominal. Remuneración implícita en el momento de la emisión. Las letras del tesoro y los pagarés de empresa son de este tipo.

Interés implícito= Valor nominal – Precio emisión

A diferencia de la emisión de acciones, la emisión de obligaciones implica la devolución de los fondos en un determinado plazo. Al reembolso del nominal de un empréstito es a lo que financieramente se denomina amortización. Esta amortización puede realizarse de varias formas, entre las que destacamos:

➧ Método de la anualidad constante: consiste en destinar cada año una cantidad constante para pagar los intereses y devolver una parte del empréstito que va quedando sin amortizar. A medida que pasa el tiempo la parte de anualidad que corresponde a intereses se reduce mientras que la correspondiente a devolución del principal crece.

➧ Método de amortización constante: cada año se amortiza el mismo número de títulos y se pagan los intereses de las obligaciones en circulación en ese momento. Por tanto, la anualidad de amortización constará de una parte fija, que corresponde con la devolución del principal, más una parte variable decreciente correspondiente a los intereses.

➧ Método del fondo de amortización: consiste en pagar cada año los intereses correspondientes al importe total del empréstito y asignar a un fondo de amortización una cantidad anual para que al final de la vida del empréstito se haya reconstruido un capital suficiente para hacer frente a la devolución de este.

En función de distintos criterios podemos clasificar las obligaciones emitidas por las empresas de muy diversas formas:

➧ Respecto al **precio de emisión**:

- A la par: emitidas al valor nominal.
- Sobre la par: emitidas a un precio superior al valor nominal.
- Bajo la par: emitidas a un precio inferior al valor nominal.

➧ Atendiendo al **cupón:**

- Cupón corrido: la obligación tiene acumulados intereses desde la última fecha de pago de estos, por lo que el comprador deberá abonárselos al vendedor.
- Ex-cupón: no incluye el interés acumulado en el precio de cotización del título.
- Cupón vencido: los intereses se satisfacen al terminar el período de devengo.
  - Cupón anticipado: los intereses se satisfacen al comenzar el período de devengo.
- Cupón variable: el interés varía de un período a otro.
- Cupón indiciado: el cupón varía en función de un índice de referencia.

- Cupón cero: se acumulan los intereses hasta el momento de amortización de la obligación, pagándose en dicho momento el principal y los intereses de forma conjunta, considerándose a éstos últimos como una prima de reembolso. También se pueden considerar bonos de cupón cero a los que se emiten al descuento, ya que el pago se efectúa en el momento de la suscripción, abonando el valor nominal menos los intereses correspondientes.
- Participativas: son las obligaciones que además de ofrecer un interés fijo permiten participar en los beneficios de la sociedad.
- Subordinadas: para la empresa ocupan un orden de prelación inferior al de los otros acreedores, es decir, se sitúan en el último lugar de la serie de acreedores en el caso de liquidación de la sociedad, pero en todo caso antes que los accionistas, por lo que al ser más arriesgadas ofrecen un tipo de interés más alto.
- Al descuento: cuando el único pago se efectúa en el momento de adquisición y suscripción, pero con el descuento por intereses, de ahí que el interés se reciba al vencimiento.

➧ Atendiendo al **valor de amortización**:

- A la par: el obligacionista recibe el valor nominal.
- Sobre la par: el obligacionista recibe una prima de reembolso.
- Con lotes o premios: la obligación recibe un lote en el momento de la amortización o cuando ha sido premiado su número.
- Obligación indiciada: cuando el valor de reembolso varía según un índice.
- Con cláusula de amortización anticipada: puede ser reembolsada antes de finalizar la vida de la obligación siempre que esta cláusula aparezca en el folleto de emisión[25].

5.3.2. Emisión de pagarés.

Además de obligaciones y bonos las empresas pueden obtener recursos financieros mediante la emisión de pagarés de empresa.

Los pagarés de empresa (un pagaré en términos generales es una promesa incondicional del pago, como tal los pagarés de empresa aparecen en España en 1982) son valores de renta fija, negociables y que pueden ser emitidos "en serie" o "a medida" y se caracterizan por:

- Vencimiento a corto plazo (3,6 o 12 meses generalmente).
- Emitidos al descuento.
- Emitidos por grandes empresas que usan los pagarés como fuente de financiación alternativa.
- Normalmente tienen un nominal elevado (desde 1.500 a 6.000 €).
- No llevan garantía especial por parte del emisor.

---

[25] Este tipo de emisión supone una cierta ventaja para la empresa en el caso de entornos de altos tipos de interés, pero tiene la desventaja de que los inversores también exigirán por el período en que las hayan suscrito unos tipos de remuneración más altos de lo normal.

- En cuanto a su rentabilidad, en la práctica se sitúa dentro de un intervalo cuyo límite inferior es la rentabilidad de la deuda pública a los mismos plazos (debido a la existencia de primas de riesgo, liquidez y fiscal) y su límite superior el tipo de interés del mercado interbancario a los plazos de emisión, de modo que la financiación con pagarés resulte más barata que a través de un crédito indiciado con el interbancario.

En referencia a la **forma de emisión** de estos títulos:

- **Pagaré seriado**: responde a emisores muy habituales en el mercado, que suelen ser empresas conocidas, solventes y de gran dimensión. Los nominales de los pagarés son relativamente altos. Se suelen emitir a plazos cortos, de 3 y 6 meses o a veces el año. Se hacen según programas previamente diseñados que se registran en la CNMV y se colocan entre intermediarios financieros por medio de subastas. Posteriormente los intermediarios financieros los redistribuyen entre el público en general.
- **Pagaré a medida**: Se caracteriza por estar emitido por empresas reconocidas, solventes, pero generalmente de menor tamaño. Estas emisiones, las más recientes, fueron impulsadas desde el racionamiento crediticio en el 89/90. Las emisiones suponen la acomodación por parte del emisor a las exigencias de la demanda (compañías de seguro, sociedades y fondos de inversión...) en cuanto a importe, plazo, y tipo de interés.
- **Pagarés con interés flotante (FRN o Floating Rate Note):** Pagaré referenciado a un índice.

5.3.3. Préstamos y créditos.

Tal y como hemos visto en el apartado anterior, al emitir empréstitos la empresa se endeuda, pero junto a los empréstitos las empresas pueden endeudarse de formas adicionales tales como a través de préstamos de instituciones financieras, créditos de sus proveedores, etc., siendo la diferencia básica entre los empréstitos y estas otras formas de endeudamiento que en éstas los recursos financieros son obtenidos de un único acreedor.

Frecuentemente se utilizan indistintamente los conceptos de crédito y préstamo, sin embargo, existen ciertas diferencias que debemos considerar:

El crédito es la disposición por el cliente de unos fondos durante un plazo determinado bajo unas condiciones estipuladas previamente, pagándose intereses por los capitales efectivamente dispuestos. Puede ser renovado automáticamente con acuerdo de las partes.

El préstamo es una cuantía monetaria recibida por un cliente a cambio de la devolución de dicha cuantía más los correspondientes intereses y en el periodo fijado en el contrato. En el préstamo se pagan intereses por el total de la cantidad puesta a disposición de los clientes, aunque éste no la use. No puede ser renovado automáticamente siendo necesario cancelarlo y abrir un nuevo préstamo en caso de que las partes quieran continuar la relación.

En función de determinadas características podemos clasificar créditos y préstamos de varias formas:

➧ Según el plazo de vigencia:

  - A corto plazo: cuando la operación es inferior a un año.
  - A medio y largo plazo: cuando la operación tiene una duración superior al año (normalmente se entiende medio plazo entre 1 y 5 años y largo plazo más de 5 años).

➡ Según las garantías:

- Garantía real hipotecaria: la garantía es normalmente el bien inmueble por el que se ha efectuado la operación.
- Garantía real pignoración: la garantía la constituyen bienes (acciones de la empresa, títulos, etc.) depositados en prenda.
- Garantía personal o aval: una persona física o colectivo responde con su patrimonio.

➡ Según quien lo concede:

- Crédito bancario: concedido por la banca privada.
- Crédito oficial: concedido por entidades oficiales de crédito público.
- Crédito comercial: concedido por entidades con las que la empresa guarda una relación comercial.

Préstamos y créditos a largo plazo.

Los préstamos y créditos a medio y largo plazo son recursos financieros que forman parte de los capitales permanentes de la empresa y, que, en consecuencia, deben financiar los activos fijos de la misma más la parte estable del activo circulante.

La disponibilidad de los recursos financieros obtenidos vía préstamos o créditos es inmediata una vez que la entidad financiera (en nuestro país las entidades autorizadas son los bancos, las cajas de ahorros, las cooperativas de crédito, el ICO y los EFC[26]) y la empresa se han puesto de acuerdo sobre las condiciones en las que el mismo se efectúa (básicamente en referencia al tipo de interés y el reembolso).

La forma habitual de devolver o amortizar un préstamo es mediante anualidades o cuotas de amortización financiera de forma que, en cada período suele pagarse una parte del principal del préstamo y los intereses generados, por lo que cada cuota pagada se corresponde con la cuota de amortización más la cuota de intereses. No obstante, la empresa (prestataria) suele tener la opción de rescindir anticipadamente el préstamo, devolviendo el capital pendiente (vivo) y, además, generalmente, una penalización por cancelación anticipada, que se calcula sobre el capital devuelto.

El coste efectivo de un préstamo estará compuesto además de por el tipo de interés, ya sea este fijo o variable, por las distintas comisiones (apertura, estudio, amortización anticipada) más los gastos de solicitud o concesión por intervención de fedatario público o registros.

[26] Los Establecimientos Financieros de Crédito (EFC) pueden ser de cuatro tipos: a) entidades de financiación, cuya función es financiar a los fabricantes, constructores, distribuidores y consumidores sus ventas y sus compras, de modo que los primeros pueden cobrar al contado y los compradores pueden pagar a lo largo de varios meses, b) sociedades de arrendamiento financiero (leasing), que realizan operaciones consistentes en la adquisición de bienes con objeto de cederlos en arrendamiento a los usuarios, recibiendo a cambio un canon periódico en concepto de alquiler, y con una opción de compra del bien en favor del arrendatario al fin del contrato, c) entidades de factoring, actividad consistente en que su cliente cede todos los créditos sobre sus compradores al factor, encargándose éste de efectuar el cobro y cubriendo el posible riesgo de insolvencia o morosidad del comprador, y d) sociedades de crédito hipotecario, especializadas en la concesión de créditos a largo plazo para adquisición de vivienda y otros inmuebles, incentivando el fomento de la construcción, cuyo activo está formado fundamentalmente por préstamos hipotecarios y cuyo pasivo procede de la captación de recursos mediante depósitos a largo plazo, ahorro vinculado y emisión de títulos hipotecarios.

Préstamos y créditos a corto plazo.

Además de los préstamos y créditos a medio y largo plazo, la empresa necesita créditos a corto plazo que le posibiliten hacer frente a las necesidades de tesorería que se producen como consecuencia de desfases temporales entre los cobros y pagos que origina el ciclo de explotación.

Los créditos a corto plazo más utilizados por las empresas son los siguientes:

- Crédito concedido por proveedores o financiación comercial.
- Créditos bancarios a corto plazo.
- Descuento comercial.

Normalmente, las empresas no pagan los distintos tipos de inputs que utilizan al contado, sino que los proveedores de dichos inputs suelen ofrecer la posibilidad de aplazar el pago de estos. El plazo de pago concedido por los proveedores suele ser muy variable, dado que depende del sector de actividad de la empresa, de la política comercial de los proveedores, de la solvencia e importancia del cliente, etc. Así, los plazos pueden oscilar desde fin de mes, sesenta días, noventa días, etc. Este tipo de crédito permite a la empresa resolver dificultades transitorias de tesorería puesto que en algunas ocasiones la empresa puede dilatar el pago de alguno de sus créditos comerciales de forma tácita sin que el proveedor ponga, por lo general dificultades. Sin embargo, esta posibilidad no debe usarse de forma abusiva ni cuando la dilación o el importe del crédito son importantes, puesto que el proveedor podría dejar de conceder esta financiación.

Esta es una fuente de financiación muy utilizada puesto que presenta la ventaja de obtenerse sin necesidad de negociación y además suele ser una financiación sin coste, al menos explícito. En el caso de que el proveedor ofrezca descuentos por pronto pago, el crédito no es gratuito, sino que pasa a tener un coste implícito que es muy conveniente tener en cuenta puesto que pude llegar a ser bastante elevado. El coste de renunciar a un descuento por pronto pago se presenta a continuación.

Ejemplo 5.1. Financiación con proveedores: coste de renunciar a un descuento por pronto pago.

Cierto proveedor nos ofrece la siguiente fórmula de pago 2/10 neto 50.
Indicar las alternativas de pago que ofrece dicha fórmula y determinar el coste de renunciar al descuento por pronto pago.

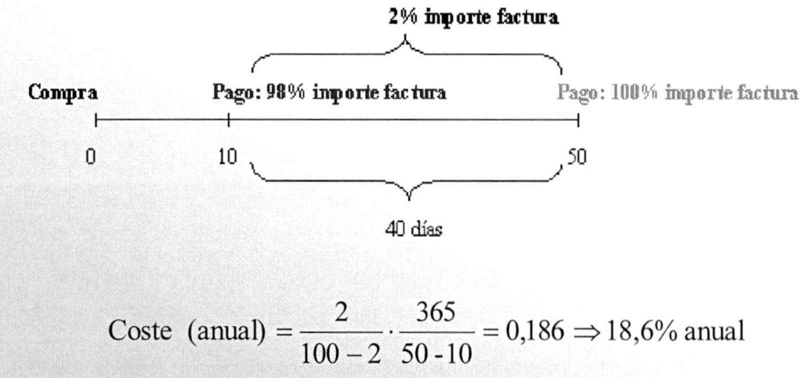

$$\text{Coste (anual)} = \frac{2}{100-2} \cdot \frac{365}{50-10} = 0{,}186 \Rightarrow 18{,}6\% \text{ anual}$$

Otra forma de cubrir necesidades financieras a corto plazo es a través de la financiación ofrecida por entidades bancarias. La diferencia entre el crédito bancario a corto plazo y el crédito comercial radica en que los créditos bancarios no tienen el carácter automático del que gozan los créditos concedidos por proveedores, sino que requieren de un proceso de negociación con las entidades financieras. Además, el crédito bancario tiene un coste explícito y suele ir asociado a la exigencia al deudor de garantías ya sean estas personales o reales.

Dentro de los créditos bancarios a corto plazo las modalidades más extendidas son:

- **El descubierto en cuenta o descubierto bancario**: se trata de una fuente de financiación atípica, pero que se produce de manera espontánea, que obedece a una situación extraordinaria. El descubierto en cuenta se presenta cuando una empresa tiene abierta una cuenta corriente en un banco y, en un momento determinado, la empresa hace uso de ella por una cuantía superior al saldo disponible (lo que en términos comerciales se denomina "números rojos"), pasando en este momento el banco a ser un acreedor de la empresa. A pesar de ser una fuente de financiación que se podría utilizar en cualquier momento dado que no exige una previa negociación (simplemente ser titular de una cuenta corriente), debemos tener en cuenta que los intereses que han de abonarse por los descubiertos en cuenta suelen ser considerablemente elevados, por lo que se debe evitar utilizar este tipo de financiación.
- **La póliza de crédito o línea de crédito**: normalmente las empresas necesitan disponer de ciertos recursos líquidos en previsión de posibles desfases entre cobros y pagos. En estos casos, lo más conveniente suele ser disponer de una línea de crédito. La operativa de una línea de crédito consiste en la firma de un contrato o póliza de crédito, mediante el cual el banco abre una cuenta corriente a favor de la empresa solicitante, la cual puede disponer de cierta cantidad de dinero cuando lo desee. En un crédito de estas características, la empresa sólo paga intereses por las cantidades que haya dispuesto y no por el límite total que se le haya concedido, existiendo otros gastos en concepto de comisiones por cantidades no dispuestos, apertura del crédito, etc.

El descuento comercial se utiliza como fuente de financiación puesto que permite disponer anticipadamente del importe de las facturas, cuyos derechos de cobro sobre los clientes se han materializado en letras de cambio. Normalmente, la empresa que acude al descuento comercial negocia con una entidad financiera la cantidad de papel (letras) expresada en € que le admitirá al descuento. Esta cantidad que el banco establece como límite de descuento es fijada en función de la fiabilidad de las letras (solvencia del deudor) y del riesgo y garantía de la empresa que las presenta al descuento.

El coste financiero del descuento comercial está compuesto por el tipo de interés correspondiente a la anticipación del dinero más las comisiones aplicables.

Debe señalarse que cuando una empresa lleva una letra al descuento el banco no compra la letra, es decir, no pasa a ser el propietario de esta, por lo que el riesgo de que al vencimiento no sea atendido el pago sigue correspondiendo a la empresa, de forma que, si el cliente no paga, el banco devolverá la letra y le cargará el importe al cliente que la descontó en su cuenta.

- Descuento comercial: es una cesión a una entidad financiera de letras de cambio que tienen causa comercial. También se pueden descontar recibos, cheques, etc. Hay diferencias entre los diferentes documentos que se descuentan. Desde el punto de vista financiero, la principal diferencia está en la calidad o garantía que pueden ofrecer unos documentos frente a otros para su admisión o no al descuento.

- El descuento es una operación rotativa en la que se fija un límite.
- En las operaciones de descuento se distingue:
  - Valor nominal (cantidad por la que están librados los efectos).
  - Valor efectivo (cantidad que recibe la empresa que descuenta).
  - Problemática: en caso de que no se produzca el cobro al vencimiento sería necesaria reponer el dinero al banco y clasificar los efectos como impagados.
- Descuento financiero: se instrumenta a través de letras o pagarés sin otro antecedente que un préstamo de dinero que queda formalizado mediante la aceptación de este título de crédito.
- Descuento de certificaciones: las certificaciones de obra son documentos extendidos por determinadas empresas para el cobro parcial de trabajos o suministros. Estos documentos son los que los suministradores presentan al cobro para anticipar un porcentaje del valor de dichas certificaciones.
- Anticipo respaldado por efectos de cobro: los efectos a cobrar se entregan a una entidad bancaria para su gestión.

5.4. Otras fuentes de financiación.

En este punto analizaremos ciertas formas de financiación no tratadas en los apartados anteriores al ser fuentes financieras específicas para determinadas operaciones, pero que son importantes y deben ser conocidas puesto que son utilizadas en muchos casos por gran número de empresas y su importancia como fuentes financieras crece año tras año.

5.4.1. *El factoring.*

Es una forma de financiación a corto plazo por la cual una empresa cede sus facturas pendientes de cobro a la empresa factor, la cual recibirá una comisión por el cobro de estas[27].

Los servicios que la empresa de factoring puede prestar a la empresa cedente son:

- Cobertura de riesgos: generalmente en el factoring se asume el riesgo de impago del deudor.
- Gestión de cobros: el deudor abonará su deuda al factor y no a su acreedor originario.
- Financiación: en el caso de que el factor anticipe a su cliente la cuantía adeudada[28].
- Administración de cobros: es la empresa de factoring quien se encarga de la administración y contabilización de los créditos.

El siguiente esquema escenifica las relaciones que se establecen entre los distintos agentes que intervienen en una operación de factoring.

[27] El factoring suele ser utilizado por empresas pequeñas que están en fase de expansión y tienen dificultades para obtener préstamos. Suelen ser también empresas que carecen de estructura interna suficiente para realizar una correcta gestión de créditos por lo que les resulta muy útil contratar los servicios de gestión y administración de cobros que realizan las empresas de factoring.

[28] El factor puede adelantar en fecha pactada un porcentaje del total de la deuda cedida, normalmente en torno al 80%, produciéndose el pago del porcentaje restante a medida que se vaya produciendo el cobro de las facturas.

Figura 5.5. Desarrollo del factoring.

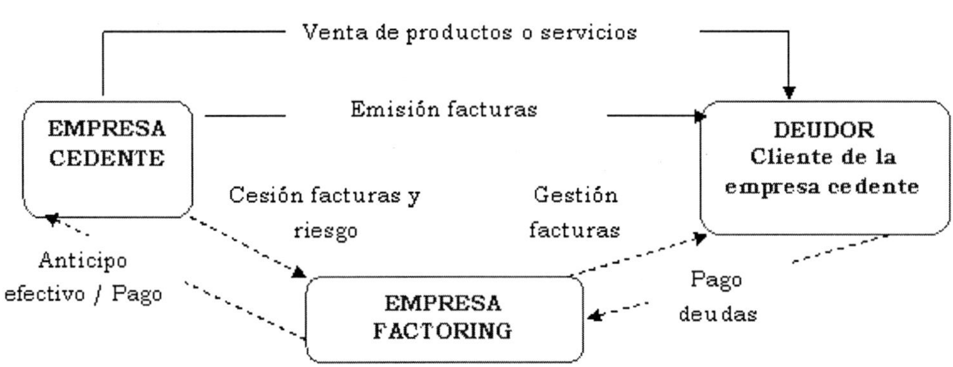

Cada uno de los servicios señalados tiene su propio coste por lo que el precio final de la operación para la empresa cedente dependerá del total de servicios que contrate. Suelen aplicarse comisiones fijas por estudio de los deudores, tarifas definidas como porcentaje del valor de cada factura y un tipo de interés por los anticipos.

Las operaciones de factoring pueden clasificarse, en función de quien asuma el riesgo de impago en:

- Factoring con recurso: la empresa se hace cargo de la gestión y cobro de las deudas, pero no se responsabiliza de los posibles fallidos.
- Factoring sin recurso: la empresa de factoring asume la probabilidad de impago de las deudas por lo que la empresa cedente se libra de ese riesgo. Lógicamente este tipo de operación es más cara que la anterior.

5.4.2. *El forfaiting.*

El forfaiting es una operación a medio y largo plazo (el vencimiento oscila entre 1,5 y 7 años) por la cual, a cambio de una comisión o descuento sobre el importe vendido, se financia una operación de exportación en divisas sin riesgo para el exportador, ya que es el banco quien asume el riesgo de impago.

Con esta operación la empresa exportadora tiene la ventaja de que no asume el riesgo de impago ni de tipo de cambio y además puede disponer del importe de la venta de forma adelantada. Es una operación cara al aplicarse tipos de interés elevados y al ser necesaria la utilización, en algunos casos, de avales o garantías.

El forfaiting es muy parecido al factoring, pero presenta ciertas ventajas que deben tenerse en cuenta, estas son señaladas en la tabla 5.2.

Tabla 5.2. Diferencias entre el factoring y el forfaiting.

ASPECTO	FACTORING	FORFAITING
Objeto de financiación	Cualquier tipo de bien	Venta de bienes de equipo y grandes obras
Operación	Nacional (excepción factoring internacional)	Internacional
Documentos	Facturas	Documentos de cobro
Plazos	Corto plazo	1,5 y 7 años
Riesgo de insolvencia	No se asume (con recurso) Se asume (sin recurso)	Se asume

5.4.3. *El confirming.*

Es una forma de financiación conjunta del proveedor y del cliente para la realización de una operación comercial consistente en que la entidad financiera gestiona los pagos del comprador y la posible financiación del proveedor, que podría obtener el importe de las facturas de forma anticipada. El funcionamiento de esta operativa es el siguiente: el comprador informa al banco sobre las facturas que ha conformado indicando su importe y vencimiento. A continuación, el banco emite un cheque a favor del proveedor que podrá utilizar las líneas de descuento ofrecidas por el mismo.

Con el confirming tanto la empresa cliente como la empresa proveedor logran reducir los costes que van asociados a la gestión de pagos-cobros y además el proveedor puede recibir anticipadamente las cantidades adeudadas por su cliente.

5.4.4. *El leasing y el renting.*

Leasing: Operación financiera a medio y largo plazo con base en un contrato de arrendamiento o alquiler de un bien. La empresa de leasing compra un bien de equipo que luego alquila a una empresa cliente a cambio de un precio y durante un tiempo determinado, estableciéndose un valor de opción de compra al final del alquiler. Terminado el contrato el arrendatario tiene tres posibilidades:

1) Devolver el equipo a la empresa de leasing
2) Ejerce la opción de compra
3) Firmar un nuevo contrato de leasing

Esta operativa permite a las empresas la adquisición de bienes, financiados al 100%, que pueden ajustarse en cada momento a las necesidades de la empresa, pero suele ser una forma de financiación más cara en comparación con otras técnicas financieras clásicas como el pago a plazos.

Las operaciones de leasing pueden ser de varios tipos:

- Leasing operativo: la empresa fabricante o proveedora del bien es quien concede la financiación. Su funcionamiento se aproxima al del arrendamiento puro.
- Leasing financiero: la empresa fabricante o proveedora del bien no es quien realiza la operación de financiación. El arrendatario asume el riesgo de obsolescencia, mantenimiento y conservación del bien.

- Leasing mobiliario: el bien objeto de contrato es un bien de quipo, vehículo u otro tipo de bien de consumo duradero.
- Leasing inmobiliario: Se alquilan bienes inmobiliarios industriales y comerciales (excepto viviendas particulares) oscilando su plazo entre 15 y 20 años.
- Leasing-back: la empresa propietaria de un bien lo vende a la compañía de leasing, a la vez que firma con ella un contrato de arrendamiento del activo en cuestión con el fin de seguir utilizando dicho bien. Se cede la propiedad, pero no su utilización. Este contrato se realiza con objeto de obtener liquidez, pero poder seguir utilizando los activos de la empresa.

El renting es un producto no financiero consistente en el alquiler a largo plazo de activos fijos, generalmente bienes de equipo y vehículos, que el usuario de dicho equipo realiza a la sociedad arrendadora propietario de dichos activos. Finalizado dicho contrato, la sociedad propietaria recupera el equipo, sin perjuicio de la prórroga que pudiera establecerse en el contrato suscrito.

Esta modalidad es muy interesante dado que permite a aquellas empresas que tienen que efectuar una renovación constante de sus equipos productivos, vehículos, etc., que la realicen sin tener que buscar constantemente los recursos financieros para la compra de los mismos, por lo que no se bloquean las lineas de financiación disponibles. Además facilita la obtención de financiación adicional dado que al no figurar en el pasivo del balance los ratios de endeudamiento y solvencia no se alteran.

Los bienes en renting no se incorporan en el inmovilizado del arrendatario y la cuota mensual que éste paga incluye los servicios de reparaciones, mantenimiento y seguro del bien que corre a cargo del arrendador.

En el renting no existe opción de compra como en el leasing, sin embargo, la compañía de renting, si así lo estima oportuno, una vez finalizado el contrato puede ofrecer a la compañía arrendataria la compra del bien, si éste lo habia solicitado previamente. Si bien el renting es muy similar al leasing es posible señalar ciertas diferencias.

Tabla 5.3. Diferencias entre el leasing y el renting.

ASPECTO	LEASING	RENTING
Duración	Oscila entre 24 y 60 meses, mayor duración en el caso de bienes inmuebles	Oscila entre 18 y 60 meses según la vida útil del bien
Opción de compra	Existe	No existe
Tipo de bien	Bienes de equipo, vehículos e inmuebles	Bienes de equipo, vehículos, bienes intangibles (marcas, patentes, etc.)
Usuarios	Empresas	Personas físicas y jurídicas
Mantenimiento	No lo realiza la empresa de leasing	A cargo de la empresa arrendadora

5.4.5. *El capital riesgo y las sociedades de garantía recíproca.*

El capital riesgo[29] es una fórmula de financiación básicamente para las PYMES. El objetivo de la financiación a través de capital riesgo es ayudar a las pequeñas y medianas empresas fomentando su desarrollo, implantación e innovación durante un período de tiempo, participando en el capital de la empresa, pero sin ánimo de control, dado que el interés de la entidad inversora es obtener plusvalías cuando la empresa obtenga resultados.

La sociedad inversora suele permanecer en la empresa donde invierte entre 3 y 10 años.

Las entidades de capital riesgo también puede aportar a la empresa además de financiación conocimientos del sector, contactos, credibilidad frente a terceros y experiencia ante situaciones difíciles como conflictos entre el accionariado.

El principal inconveniente que puede encontrar una empresa cuando se financia de esta forma es que el capital mínimo que suele invertir una entidad de capital riesgo se sitúa alrededor de los 600.000 € y también que exige una alta rentabilidad para poder obtener una importante plusvalía cuando venda las acciones.

En la página web de la Asociación Española de Sociedades de Capital Riesgo (www.ascri.org) podemos encontrar una completa información sobre la actividad desarrollada por estas empresas a través de noticias, revistas y libros dedicados a las mismas.

Las sociedades de garantía recíproca nacen como ayuda a las pequeñas y medianas empresas actuando como avalistas, informadoras y asesoras para la obtención de créditos, analizando el interés de los proyectos de la empresa y estudiando su viabilidad. Por tanto, la función financiera de las sociedades de garantía recíproca no radica en la concesión de recursos financieros (no pueden conceder crédito), sino en facilitar a las empresas la obtención de estos recursos en la forma más adecuada posible.

[29] También denominado capital inversión, capital desarrollo, *venture capital* o *private equity.*

6. Indicadores de la gestión económico-financiera de la empresa

CAPÍTULO 6. INDICADORES DE LA GESTIÓN ECONÓMICO-FINANCIERA DE LA EMPRESA

OBJETIVOS DEL CAPÍTULO

En el presente tema se abordará el análisis financiero como metodología/mecanismo que permite evaluar los resultados de las actuaciones directivas a partir del diagnóstico de la situación patrimonial y de los resultados de la empresa.

Se presentarán los principales indicadores financieros utilizados para conocer la situación económico-financiera de la empresa: rentabilidad, riesgo, liquidez, solvencia y apalancamiento.

Al finalizar el tema el alumno comprenderá:

- Cómo evaluar la situación económico-financiero y patrimonial de la empresa a través de los principales indicadores financieros de rentabilidad, riesgo, liquidez, solvencia y apalancamiento.

6.1. Análisis de la gestión económico-financiera de la empresa: el análisis financiero.

El objetivo del análisis financiero es realizar un diagnóstico de la situación económico-financiera de la empresa que permita explicar el resultado de las actuaciones directivas, es decir, que permita evaluar la toma de decisiones pasadas y tratar de predecir el resultado de decisiones futuras. Para ello el análisis financiero utiliza herramientas y aplica técnicas econométricas a los datos económicos y financieros de las empresas, obtenidos fundamentalmente de sus estados financieros, como principales fuentes de información.

El análisis financiero será útil en la toma de una gran variedad de decisiones empresariales tales como la selección de carteras, la valoración de operaciones de control corporativo, la previsión de situaciones futuras de la empresa, el análisis de la probabilidad de insolvencia financiera, la concesión de préstamos, etc.

6.1.1. Usuarios del análisis financiero.

De estas operaciones en las que el análisis financiero es de gran utilidad podemos deducir que existen diversos interesados en el análisis financiero de las empresas.

- Usuarios internos: es decir, usuarios relacionados con la propia empresa, ya sean los propietarios o accionistas, los directivos o los empleados.
- Usuarios externos: son aquellos que no siendo usuarios internos si tienen un interés particular en la empresa ya sea porque son acreedores, proveedores, clientes o competidores.
- Otros: están interesados en la situación y resultados de la empresa por diversas causas, como por ejemplo las administraciones públicas, las agrupaciones de consumidores, auditores, analistas externos, etc.

El alcance y objetivo concreto del análisis financiero depende de quién realice dicho análisis y, fundamentalmente, de cuál sea su interés relativo en la empresa. Según este interés el análisis se centrará en distintas características de la empresa.

- **Accionistas/Inversores**: en el caso de los inversores la finalidad del análisis financiero será poder tomar decisiones sobre la compra, venta o mantenimiento de títulos o activos financieros emitidos por la empresa. Los inversores en renta variable (acciones) estarán interesados en conocer los factores de los que depende la viabilidad y capacidad de creación de valor de la empresa (rentabilidad, riesgo y crecimiento). En este caso, el análisis debe considerar no solo información interna sino también información sectorial y económica.

- **Acreedores:** como aportantes de fondos a la empresa están interesados en la capacidad de esta para hacer frente a sus compromisos financieros, es decir, pago de intereses periódicos y amortización del principal en las fechas fijadas en el contrato. Esto hace que los acreedores estén interesados en centrar el análisis en la estructura financiera de la empresa, su capacidad para generar flujos de caja y la disponibilidad de activos que puedan servir como garantía para la devolución de la deuda. Si la deuda es a corto plazo, el acreedor estará interesado en la liquidez de la empresa o capacidad para hacer frente a sus compromisos financieros a corto plazo. En este caso el análisis de los activos líquidos ya sea dinero en efectivo o activos fácilmente convertibles en dinero será un aspecto clave en el análisis. Si la deuda es a largo plazo, el acreedor estará interesado en la solvencia a medio y largo plazo de la empresa, es decir, en la capacidad de la empresa para generar rentabilidad y permanecer desarrollando su actividad sin problemas financieros. El interés en este caso será conocer las proyecciones futuras de rentabilidad y capacidad de la empresa de generar tesorería a largo plazo.

- **Proveedores:** la empresa está interesada en analizar la viabilidad a largo plazo de sus proveedores de factores clave. Si una empresa tiene dependencia de alguno de sus proveedores, debería estar interesada en conocer la capacidad de dicho proveedor para permanecer en el mercado. Si la situación financiera o económica del proveedor presenta problemas estos problemas acabarán trasladándose a nuestra empresa. Otra cuestión clave es el conocimiento de la rentabilidad y los márgenes manejados por el proveedor puesto que esta es una información importante para negociar precios con dicho proveedor.

- **Clientes:** a la hora de fijar las políticas de cobro a los clientes es necesario conocer la calidad crediticia de los mismos. Para ello es habitual utilizar técnicas como el *credit scoring*.
- **Competidores**: el interés relativo a los competidores se centra en el análisis de su rentabilidad, márgenes y prácticas comerciales (plazos, precios, márgenes, etc.). Este tipo de análisis puede ser muy importante en el caso de lanzamiento de nuevos productos, entrada en nuevos mercados, iniciar o solventar guerras de precios, etc.
- **Auditores:** el trabajo de los auditores requiere realizar un análisis de la situación económica y financiera de la empresa.
- **Empleados/sindicatos:** los empleados, directamente o a través de asociaciones sindicales, estarán interesados en realizar un análisis completo de la situación económico-financiera de la empresa como paso previo a la negociación de convenios colectivos, negociaciones en situaciones excepcionales como los expedientes de regulación de empleo (ERES o ERTES), etc. Tanto empleados como sindicatos están interesados en conocer la viabilidad a largo plazo de la empresa, poniendo interés en conocer la estructura de costes, especialmente, en lo relativo a costes de carácter salarial.
- **Administraciones Públicas:** las administraciones públicas tienen interés en el análisis económico-financiero por cuestiones recaudatorias, el control de ingresos y gastos de las empresas debe ser riguroso para que el pago de impuestos sea correcto y se evite defraudar. También en el caso de concesiones de subvenciones o ayudas es necesario realizar una valoración de la situación de la empresa.

6.1.2. Métodos de análisis financiero.

Podemos separar dos tendencias principales dentro del análisis financiero: el análisis financiero clásico o análisis mediante ratios y el análisis financiero moderno basado en la utilización de métodos estadísticos.

El análisis financiero clásico se basa en la búsqueda de ciertos equilibrios entre las masas patrimoniales en cuanto a volumen y plazo. El análisis de ratios se realiza sobre la base de información pasada y utiliza razones financieras (cocientes) para comparar distintas masas patrimoniales y flujos financieros entre sí.

Podemos clasificar las técnicas de análisis clásico según dos tipologías:

1. Análisis horizontal y vertical
   - Horizontal o cronológico: estudia la evolución de los estados financieros en el tiempo, explica los cambios en las masas patrimoniales, expresando normalmente estos cambios en forma de porcentaje. Este análisis respondería a cuestiones tales como: ¿Cuál es la tasa de crecimiento de las ventas de la empresa? ¿Cuánto han crecido las inversiones a corto y a largo plazo? ¿Cuánto se ha incrementado el endeudamiento?
   - Vertical: estudia la estructura de las masas patrimoniales dentro del Balance y la Cuenta de resultados. Este tipo de análisis estudiaría cuestiones tales como la relación existente entre el endeudamiento y el activo total, o la relación entre la deuda a corto y a largo plazo.

2. Análisis intraempresa y sectorial

   - Intraempresa o de series temporales: este análisis consiste en el estudio de los estados financieros de una empresa considerada aisladamente, al carecer este análisis de datos de referencia con los que comparar los de la empresa sólo será significativo el análisis de evolución temporal, por ello suele denominarse análisis de series temporales.

     El objetivo del análisis de series temporales es establecer tendencias en la evolución de los indicadores de la empresa para poder extrapolarlos hacia el futuro.

   - Sectorial o cruzado: este análisis consiste en la comparación de los ratios de una empresa con los valores promedio del sector o de la empresa líder. Se estudiarán en este caso las desviaciones entre la empresa y la norma sectorial. Este análisis puede presentar dos limitaciones:

     - Debido a la falta de homogeneidad en las empresas de un mismo sector puede resultar imposible encontrar un conjunto de empresas respecto a cuyos valores medios establecer una comparación.

     - Las empresas con un elevado tamaño se configuran habitualmente como carteras de negocios pertenecientes a distintos sectores. En este caso se debería comparar cada línea de negocio con la empresa líder de cada sector.

El análisis financiero moderno se sirve de métodos estadísticos de carácter multivariante que permiten aglutinar varios datos, ratios o variables en una sola información (puntuación, ranking, probabilidad de insolvencia, etc.) que permite conocer algún aspecto determinado de la situación económico-financiera de la empresa. Podemos distinguir con carácter general dos tipos de métodos estadísticos:

1. Métodos descriptivos: analizan los datos disponibles para simplificarlos y hacerlos más comprensibles o bien tratan de crear tipologías de individuos (empresas) para poder agregarlas por categorías. Dentro de estos métodos descriptivos podemos destacar:

   - Análisis factorial: El análisis factorial pretende reducir la dimensión de la información de partida. Para ello agrupa las variables de partida en una serie de combinaciones lineales que son los factores. Los factores representan a las variables originales, con una pérdida mínima de información. La construcción de estos factores reduce el número de variables consideradas y evita la existencia de redundancias en la información considerada. Por otro lado, en caso de detectarse una interrelación entre las variables independientes consideradas la formación de factores evita además problemas de multicolinealidad favoreciendo la aplicabilidad de esta información a posteriores análisis como la regresión múltiple, el análisis logit, el análisis del discriminante, etc.

   - Las técnicas de estructuración: Las técnicas de estructuración agrupan individuos en conjuntos homogéneos, para lo cual se usa el análisis clúster o de conglomerados. Este tipo de análisis divide a un conjunto de individuos en grupos homogéneos de modo que los individuos del mismo grupo sean lo más similares posible entre sí y que sean al mismo tiempo lo más distintos posibles respecto a individuos de otros grupos. Es una técnica de carácter exploratorio que en muchos casos no utiliza un modelo formal.

2. Métodos explicativos: Estos métodos buscan la identificación de causalidad entre un conjunto de variables independientes (explicativas) y una variable dependiente

(explicada). Se pueden citar en este grupo la regresión múltiple en el caso de variables dependientes de naturaleza continua y el análisis discriminante o el análisis logit en el caso de variables dependientes de naturaleza binaria.

Ejemplo: a través del análisis financiero hemos comprobado que las empresas de un mismo sector o de distintos sectores tienen diferentes niveles de endeudamiento y nos planteamos explicar los motivos. Nos podríamos preguntar: ¿De qué factores depende que la empresa recurra a la financiación ajena? Podríamos intuir que factores tales como la rentabilidad, el volumen de activos que puedan ser utilizados como garantía, el tamaño de la empresa o el sector económico son factores que pueden explicar cuál será el grado de endeudamiento esperado de una empresa. En este caso plantearemos un modelo de regresión múltiple donde la variable endeudamiento se explique por las variables independientes rentabilidad, garantías, tamaño y sector identificando cuales de estos factores tienen un efecto significativo sobre la política de financiación de las empresas.

El análisis del discriminante o los modelos logit buscan una asociación causal entre un conjunto de variables independientes (explicativas) y una variable dependiente (explicada) de carácter binario.

Ejemplo: la utilización de estas técnicas es muy habitual en el análisis de la insolvencia. ¿Qué factores influyen sobre la posibilidad de que la empresa entre en una situación de insolvencia? En este caso, la variable explicada es una variable binaria que toma dos valores posibles (0 empresa solvente, 1 empresa insolvente) y las variables explicativas serían un conjunto de factores tales como el endeudamiento, la rentabilidad, la liquidez, la acumulación de reservas o la eficiencia de uso del activo. En el caso del análisis del discriminante obtendremos una combinación lineal de estos factores que nos permitan asignar un individuo (una empresa) a uno de los dos grupos considerados (empresas solventes o insolventes) mientras que en el análisis logit el modelo estimado nos permitirá obtener la probabilidad de que se produzca la circunstancia o evento analizado (la insolvencia de una empresa).

6.1.3. *Análisis financiero: fuentes de información.*

Sea cual sea el usuario del análisis financiero, su objetivo y la metodología empleada se precisa disponer de información, ya sea información de la propia empresa, de su sector, del sistema económico, etc. Explicamos a continuación las fuentes de información del análisis financiero, distinguiendo entre fuentes de información externas y fuentes de información internas.

- Fuentes de información externas: en este caso la información no es elaborada o suministrada por la empresa. La credibilidad y objetividad de esta información dependerá, lógicamente del organismo o institución que proporcione dicha información. Las empresas se ven afectadas por la marcha general de la economía. Por este motivo conviene analizar datos sobre la coyuntura económica como pueden ser los que aparecen en la prensa o informes elaborados por distintos organismos, tales como:
  - Banco de España.
  - Comisión Nacional del Mercado de Valores.
  - Registro de la Propiedad.
  - Registros de impagados/demandas (RAI, ASNEF-EQUIFAX).
  - Estadísticas (Banco de España, Central de Balances, etc.).

- Informes sectoriales.
- Bases de datos de prensa económica.
- Agencias de calificación.

- Fuentes de información internas: con información interna hacemos básicamente referencia a los estados económico-financieros presentados por la empresa. Estos estados permitirán conocer la situación actual de una empresa y fijar planes futuros. Los estados económico-financieros o estados contables presentados por la empresa pueden clasificarse en estados obligatorios –cuentas anuales – y estados contables voluntarios. Constituyen la principal fuente de información de la empresa. No obstante, y aunque tradicionalmente la atención de profesionales y académicos se ha centrado en las cuentas anuales (Balance de situación, Cuenta de pérdidas y ganancias, Memoria, Estado de flujos de efectivo y Estado de cambios en el patrimonio neto), el analista debe considerar todos aquellos datos relevantes para la formación de expectativas sobre rentabilidad, solvencia y liquidez de la empresa.

  Dentro de las fuentes internas debemos considerar también aquella información que no se encuadra dentro de la categoría de estados económico-financieros:

  - Informe de auditoría.
  - Información sobre estructura de propiedad.
  - Investigaciones de mercado.
  - Organigrama empresarial.
  - Relaciones bancarias, etc.

Para que la información sea válida para el análisis financiero debe de cumplir una serie de **requisitos:**

- Comparabilidad: debemos tener en cuenta que la información contable es útil si permite establecer comparaciones significativas entre la situación de diferentes empresas o entre la situación de una empresa en distintos periodos. En estudios de empresas de distintos países es conveniente comprobar si las exigencias contables son comunes (si siguen las empresas las NIFF: normas internacionales de información financiera).

- Comprensibilidad**:** el grado de especialización en la elaboración de la información debería ser tal que no dificultara su comprensión por el analista. El analista no es un contable, es un usuario de la información.

- Fiabilidad: que sea verificable, neutral y ofrezca una imagen fiel de la situación de la empresa. Los informes de auditoría pueden ser de gran ayuda a la hora de conocer el grado de fiabilidad de la información contable.

- Relevancia**:** que sea válida y oportuna para el análisis y permita por tanto realizar predicciones.

La información contable fácilmente accesible al analista externo suele limitarse a las cuentas anuales, confeccionadas por la propia compañía y depositadas en el Registro Mercantil. Además, como es preceptivo junto a ellas se encontrará el informe de gestión y, si la sociedad estuviera obligada a ello, el informe de auditoría.

La experiencia y la capacidad de análisis son fundamentales para estudiar en profundidad los datos contables. Este estudio requiere, además, un cambio de mentalidad: ha de pasarse de concebir las cuentas anuales como contables a percibirlas como analistas, es decir usuarios o decisores. Este cambio de mentalidad puede suponer la relativización del valor de los principios contables generalmente aceptados o de las normas de valoración, lo que puede desembocar en la realización de una serie de ajustes o reclasificaciones de la información.

6.2. Análisis financiero mediante ratios: cuestiones generales.

La utilización de ratios es la técnica más habitual para analizar los datos contables de la empresa. Este análisis, como estudio de equilibrios entre masas patrimoniales y flujos, permite determinar la situación económico-financiera de la empresa, así como predecirla en el futuro (los ratios calculados con información pasada y presente de la empresa permiten hacer previsiones sobre aspectos concretos de la empresa como su probabilidad de insolvencia, de quiebra o sobre el rendimiento de la empresa) y por tanto pueden ser la base de la valoración intrínseca de la empresa.

La utilización de información contable como base de la valoración del estado económico-financiero de la empresa parte de la limitación existente en el carácter subjetivo de la información contable. Esta subjetividad se debe fundamentalmente a diferencias contables internacionales, que como hemos dicho anteriormente, debemos tener en cuenta cuando se realizan análisis internacionales (utilización NIFF o no) y también a la posible manipulación contable por parte de los directivos.

Otro aspecto relevante es la posibilidad de aplicar diferentes criterios dentro de una misma normativa. Que exista una normativa contable que las empresas deban cumplir permite que los usuarios de la información contable conozcan los criterios utilizados para reflejar las operaciones realizadas por la empresa. La normativa contable ofrece, en ese sentido protección y garantía a los usuarios. Si la empresa incumple la normativa estaríamos ante una situación de engaño o fraude que sería sancionable. Sin embargo, la normativa no es taxativa respecto a cómo se deben reflejar o contabilizar todas las operaciones, sino que permite cierta flexibilidad y, en algunos casos, presenta vacíos. Ambas cuestiones -flexibilidad y vacíos legales- permiten cierta discrecionalidad por parte de los directivos a la hora de presentar la información contable y financiera.

Los directivos son evaluados por los propietarios y los mercados a partir de la información contable, por lo que pueden tratar de presentar la información, dentro de los márgenes que permite el PGC, de forma que salgan lo mejor valorados posible. Esta actuación es lo que se conoce como manipulación contable, contabilidad creativa, maquillaje contable, etc.

Una forma concreta de manipulación contable, que puede tener efectos importantes en el análisis financiero, es la denominada gestión de resultados (*earnings management* en la literatura anglosajona). La gestión de resultados, como su propio nombre indica, es la manipulación que los directivos realizan de la cifra de beneficios de la empresa con objeto de presentar una determinada cifra en función de sus objetivos. Así, podemos encontrarnos ante distintos tipos de gestión de resultados:

- Alisamiento de resultados (*income smoothing*): se busca con la manipulación reducir la variabilidad en las posibles fluctuaciones del beneficio, es decir, presentar un beneficio “alisado”. Así cuando los beneficios de la empresa se incrementan el directivo incrementará las amortizaciones y dotaciones que suponen un gasto (pero no una salida de fondos) por lo que el beneficio se reducirá. En situaciones en los que el benficio se reduce la manipulación consistirá en reducir o desdotar las amortizaciones y dotaciones que suponen un ingreso (pero no una entrada de fondos) de forma que el beneficio se incremente. El objetivo de esta manipulación puede ser no trasmitir información al mercado sobre la marcha de la empresa.

- Resultado objetivo (*target earnings*): la manipulación consiste en incrementar o reducir la cifra de beneficio de forma que se alcance un beneficio objetivo. Este tipo de manipulación puede estar relacionada, por ejemplo, con la vinculación del salario del directivo a que este alcance cierta cifra de beneficios.

- Depresión del beneficio (*big bath*): se busca reducir el beneficio. Este tipo de manipulación puede observarse a veces por ejemplo el primer año tras el cambio del CEO. Tras su nombramiento el nuevo directivo tiende a reducir el beneficio del primer año (culparía de los malos resultados a la situación dejada por el anterior directivo) y en el segundo año tendría margen para incrementar de forma notable el resultado y poner de manifiesto que los logros son gracias a su gestión.

Todo analista debe tener en cuenta las posibilidades de manipulación de la información que va a utilizar, puesto que la literatura ha puesto de manifiesto en numerosos estudios que este fenómeno es algo habitual en las empresas. Por lo que todo analista debe ser capaz de detectar si existe o no manipulación, y si esta es importante, debe corregirse la información.

Un ratio es el cociente entre dos magnitudes obtenidas a partir de los estados financieros. Para que un ratio financiero sea útil ha de cumplir una serie de condiciones:

➡ Debe comparar dos magnitudes entre las que exista una relación económico-financiera. Esta condición previene la generación incontrolada de ratios y los confirma como indicadores del funcionamiento de la empresa. Así, por ejemplo, no tendría sentido calcular el cociente entre los gastos financieros y el saldo de clientes o bien entre deudas a largo plazo y cifra de ventas. Sin embargo, puede ser interesante comparar gastos financieros y endeudamiento (obtendríamos el coste medio del pasivo) o conocer la relación entre las ventas del periodo y el saldo de clientes (obtendríamos rotación de clientes).

➡ Debe tener carácter predictivo. Obviamente, esta característica es necesaria si se pretende utilizar los ratios para elaborar predicciones mediante su inclusión en un modelo de predicción implícito o explicativo.

➡ Deben conocerse los objetivos de los destinatarios de los ratios. Conocer estos objetivos ayudará a definir cuáles deben ser los ratios a calcular y analizar.

➡ Deben evitarse redundancias de información, se presentarán estudios esquemáticos evitando a los decisores la saturación de información.

➡ Un ratio por sí mismo no tiene ningún significado o valor, por ello hay que tener valores de referencia que permitan hacer comparaciones. En este sentido normalmente se utilizan los ratios promedio del sector o los ratios de la empresa competidora más eficiente. Los ratios medios sectoriales pueden ser un buen patrón de comparación si la muestra utilizada es suficientemente representativa. En España existen varias entidades públicas y privadas que divulgan ratios sectoriales. Así el Colegio de Registradores Mercantiles de España (www.registradores.org) y la Central de Balances del Banco de España (www.bde.es) elaboran conjuntamente una estadística de ratios sectoriales de las sociedades no financieras españolas, clasificadas según el Código Nacional de Actividades Económicas (CNAE) Dicha base de datos proporciona los ratios relativos al agregado total de cada uno de los sectores y subsectores de actividad, así como ratios clasificados por tamaños atendiendo a la cifra de negocios.

➡ No obstante lo anterior, es importante tener en cuenta que no hay valores de ratios ideales, los valores dependerán de variables internas y externas de la empresa. Puede ocurrir que empresas con valores de ratios iguales tengan una situación totalmente distinta.

Los ratios, a pesar de su importancia en el análisis financiero presentan una serie de problemas metodológicos y ciertas limitaciones que deben considerarse a la hora de valorar la situación patrimonial de la empresa y de realizar predicciones.

Los problemas metodológicos que presentan los ratios son los siguientes:

- La mayoría de las herramientas estadísticas suponen que los ratios de un sector siguen una distribución normal, sin embargo, los ratios financieros no suelen distribuirse normalmente, sino que suelen estar sesgados hacia la derecha, por estar compuestos generalmente por valores positivos.
- Pueden existir valores extremos, que son valores inusualmente pequeños o grandes, derivados probablemente de un error de medida o una circunstancia coyuntural o excepcional. Estos valores extremos no deben ser tenidos en cuenta en el análisis financiero.
- Existencia de correlación entre ratios de empresas de un mismo sector. Esto puede deberse a dos causas:
    - La empresa analizada sigue la estrategia del líder o se alinea con la media del sector, ejemplo: en la política de dividendos se sigue claramente lo que hace el sector, por tanto, los ratios sobre dividendos presentarán correlación.
    - La estructura de mercado del sector condiciona muy fuertemente a todas las empresas (se realizan las mismas actividades y de igual forma).
- Existencia de correlación entre distintos ratios de una misma empresa debido a la existencia de gran cantidad de ratios con componentes comunes tanto en numerador como denominador o bien porque determinadas partidas de contabilidad tienden a moverse en la misma dirección. En los análisis financieros se necesitan variables independientes, si existe correlación ya no hay independencia.
- Correlación de los ratios de la empresa en el tiempo, esta correlación se da por el comportamiento financiero de la empresa y las condiciones del sistema financiero y económico general.

Algunas de las limitaciones que hay que tener en cuenta respecto a la utilización de ratios en el análisis financiero son las siguientes:

- La inflación puede hacer que las comparaciones no sean buenas debido por ejemplo a los distintos precios históricos y actualizaciones de las empresas, se pueden presentar ratios muy distintos debido al efecto de la inflación y no por cuestiones de gestión empresarial.
- La aplicación de criterios contables distintos puede distorsionar el análisis. Se debe comprobar si los criterios se mantienen en el tiempo y si son generalizados en su aplicación para todas las empresas analizadas. Así, por ejemplo, algunas prácticas operativas pueden distorsionar las comparaciones como por ejemplo criterios de valoración de inventarios (afecta a ratios de rotación), criterios de amortización (afecta a ratios de estructura) o utilización del leasing en la financiación (afecta a ratios de endeudamiento).
- La forma organizativa de la producción, las características del proceso productivo y el mercado en el que actúa la empresa pueden también afectar al análisis. Por ejemplo, la

subcontratación de actividades tendrá repercusión en los ratios de costes y en los de rotación.

- Los ratios se pueden ver afectados por factores estacionales o cíclicos, por ello deberían desestacionalizarse o se debería trabajar con valores medios de diferentes periodos.
- Si la empresa tiene distintos negocios el estudio debería de hacerse para cada negocio y si existen grupos estratégicos diferenciados la comparación será con empresas que sigan igual estrategia o con los líderes del sector o negocio.

El análisis de estados financieros mediante ratios suele estructurarse en torno a varias variables: liquidez, solvencia, rentabilidad, riesgo y valor económico. Atendiendo a estas diferentes variables de estudio podemos señalar distintos tipos de ratios o indicadores:

- ➡ Ratios de liquidez o solvencia a corto plazo.
- ➡ Ratios de actividad (eficiencia, rotación).
- ➡ Ratios de solvencia.
- ➡ Ratios de rentabilidad.
- ➡ Ratios de riesgo.

6.3. Ratios de liquidez.

La liquidez es la capacidad de la empresa para hacer frente a todos los compromisos financieros a corto plazo. Cuando explicamos los usuarios del análisis financiero pusimos de manifiesto que los acreedores a corto plazo están interesados en este aspecto concreto de la empresa.

Estos ratios nos dan una idea del riesgo empresarial a corto plazo bajo la hipótesis de que la variabilidad en el beneficio se deriva de desajustes en las partidas de activo y pasivo circulante o corriente. Explicamos, a continuación, los principales ratios de liquidez empleados en la práctica.

6.3.1. Ratio de circulante.

$$\frac{\text{Activo corriente}}{\text{Pasivo corriente}}$$

Proporciona una primera impresión sobre la liquidez. En principio, y prescindiendo de cualquier otra consideración adicional, cuanto mayor sea su valor menor es el riesgo de crédito a corto plazo. Fue el primer ratio financiero utilizado en la práctica y es muy usado por los analistas de créditos de las entidades bancarias.

Este ratio mide, en términos relativos, la capacidad de la empresa para hacer frente, con su activo circulante, a las obligaciones reconocidas en su pasivo circulante, considerando el exceso de activo circulante sobre el pasivo circulante como garantía de liquidez.

No es un ratio de liquidez en sentido estricto dado que en el numerador incluye no sólo activo líquidos sino también cuasi líquidos (incluye el realizable a corto plazo: existencias). La posible morosidad de parte de la clientela y las dificultades para vender todas las existencias a corto plazo aconsejan que el valor del ratio sea superior a 1, lo cual permitiría disponer de cierto margen para atender al exigible a largo plazo. Este ratio es más bien de solvencia a medio plazo.

No existe un valor de referencia o ideal (existen opiniones que propugnan que dicho índice debería alcanzar un valor próximo a 2, entre 1,5 y 2. Superior a 2 podría ser indicativo de recursos ociosos). Depende de la empresa, la duración del ciclo de explotación, el tamaño de la empresa o el sector de actividad. Por ejemplo, las empresas con flujos de efectivo estables y que operan sin inventarios o con inventarios relativamente poco importantes (eléctricas o comunicaciones) pueden presentar ratios bajos de circulante y, sin embargo, tener mayor solvencia que otras empresas con ratios de circulante muy superiores.

Los niveles elevados de este ratio pueden ser, sin embargo, indicativos de la inmovilización de excesivos recursos en activos a corto o el mantenimiento de un elevado volumen de tesorería ociosa. Esta situación es síntoma de una gestión ineficiente de los recursos. En este sentido, resulta relevante el análisis de la productividad/eficiencia en la gestión de los principales componentes del activo a corto.

Esta medida puede sobrestimar la liquidez si el peso de las existencias dentro del activo corriente es elevado. Este problema existirá en el caso de empresas que acumulan inventarios obsoletos, de difícil venta o cuando el proceso productivo resulta anormalmente largo. Este hecho se puede comprobar midiendo la rotación de los inventarios.

6.3.2. Prueba ácida.

$$\frac{\text{Activo corriente-Existencias}}{\text{Pasivo corriente}}$$

El significado de su valor es similar al del ratio de circulante, pero, como se nutre exclusivamente de partidas de naturaleza monetaria, su interpretación está sujeta a menos cautelas. Nos da idea de la posición de liquidez de la empresa para hacer frente a los compromisos de pago a corto plazo. La eliminación de las existencias del numerador permite considerar este ratio como una medida de liquidez a corto plazo. Interesa que sea elevado y, de nuevo, su valor umbral sería la unidad. Un valor elevado para este ratio puede ser indicativo de garantías para los acreedores, pero al mismo tiempo puede informar de ineficiencias tales como excesos de tesorería ociosa o problemas en el proceso de cobro de nuestros derechos. El valor adecuado para este ratio depende, de la adscripción sectorial de la empresa, así por ejemplo una empresa de servicios de comida rápida sería de esperar que no presentara valores elevados para el mismo.

Cuando la empresa presenta problemas en el cobro de sus clientes o el aplazamiento ofrecido a los clientes es elevado, este ratio no es una buena medida de la liquidez a corto plazo. De hecho, valores superiores a la unidad no garantizan la liquidez puesto que las cuentas a pagar pueden tener un plazo de vencimiento inferior al periodo medio de cobro a los clientes. Sería recomendable acompañar esta medida de liquidez con un análisis de la rotación de las cuentas de clientes o un estudio de la evolución de la antigüedad media de las cuentas de clientes.

6.3.3. Ratio de tesorería.

$$\frac{\text{Efectivo + Activos Líquidos Equivalentes}}{\text{Pasivo corriente}}$$

Es la medida más exigente de liquidez, ya que mide la proporción del pasivo circulante que sería posible atender con el disponible, es decir, tesorería más inversiones financieras a corto plazo. Hay varias razones por las que no es de extrañar que el ratio de tesorería muestre valores próximos a cero:

- Las inversiones en tesorería son poco rentables por lo que tienden a reducirse al valor mínimo necesario.
- Si la empresa coordina sus cobros y pagos podría llevar a situaciones con niveles de tesorería próximos a cero.

Las empresas suelen gestionar sus recursos líquidos a través de bancos, que disponen de productos financieros sustitutivos de la tesorería: pólizas de crédito, descuento de efectos, factoring[30], etc.

Los valores elevados para este ratio pueden suponer un considerable coste de oportunidad para la empresa por inmovilización de recursos en activos altamente líquidos. No obstante, pese a este coste, un nivel elevado de tesorería podría ser adecuado para empresas cuya rentabilidad supera el coste de sus fondos y para las que puede haber restricciones a la financiación.

Según la teoría financiera clásica el nivel de caja necesario en la empresa es nulo puesto que cualquier proyecto rentable encontrará financiación. Sin embargo, en un mercado de capitales caracterizado por la existencia de costes de transacción y por restricciones al crédito, la tesorería se convierte en un activo estratégico. La disponibilidad de caja le permite a la empresa aprovechar oportunidades de inversión rentables a las que no podría acceder a través de financiación externa. El carácter estratégico de la tesorería en empresas jóvenes, con oportunidades de crecimiento rentables supone una condición que atenúa la consideración del coste de oportunidad vinculado al mantenimiento de esta.

Debido a la elevada volatilidad de las cuentas de tesorería y equivalentes, este ratio tiene una caducidad a muy corto plazo. El ratio de tesorería presente en una empresa a cierre de ejercicio puede por tanto no ser representativo de la posición real de tesorería a lo largo del ejercicio. Por otro lado, habría que considerar la posible existencia de restricciones a la disponibilidad de los saldos de tesorería, por ejemplo, si la empresa está obligada al mantenimiento de saldos compensatorios por la contratación de deudas.

6.3.4. Periodo de defensa.

$$\frac{365^{*}(\text{efectivo} + \text{ALE})}{\text{Gasto de explotación-amortizaciones}}$$

Es el tiempo, medido en días, en el que la empresa es capaz de hacer frente a las salidas de caja destinadas a cubrir los gastos de explotación, con los activos líquidos que maneja en un momento determinado, sin tener que confiar en la conversión en liquidez de las partidas de clientes y existencias. Interesa que sea lo más elevado posible. La interpretación de este ratio no se basa en la existencia de un valor umbral, sino en el estudio de su evolución para observar si la capacidad de la empresa para pagar sus cuentas mejora o empeora a lo largo del tiempo. El pago de gastos considerado en el denominador es un promedio, sin embargo, la cuantía real de los pagos puede presentar una distribución irregular. La existencia de pagos inusualmente importantes puede conllevar problemas de liquidez de la empresa pese a que ésta presente valores elevados para el periodo de defensa.

[30] Estos instrumentos ya han sido estudiados en el tema 5.

6.3.5. Liquidez en términos de flujos.

$$\frac{\text{Flujo de caja neto de explotación}}{\text{Pasivo corriente}}$$

Todos los ratios de liquidez anteriormente expuestos relacionan partidas del activo y del pasivo corriente, bajo el argumento de que si la empresa tiene suficientes activos con los que cubrir sus deudas a corto entonces su posición de liquidez resulta satisfactoria. Otro modo de evaluar la liquidez de la empresa constituye la comparación de los flujos de efectivo generados por la empresa con su deuda a corto.

Este indicador analiza la capacidad de atender al exigible a corto plazo mediante los recursos generados por la empresa.

Valores de este ratio por encima de la unidad indicarían que la empresa genera en el ejercicio recursos suficientes con los que hacer frente a sus deudas a corto plazo. Lo cual sería signo de una posición de liquidez satisfactoria.

6.4. Ratios de rotación.

Los indicadores de actividad o rotación miden la eficiencia de la empresa en el uso de sus activos, comparando las ventas o algún otro nivel de actividad de la empresa con el volumen de inversión necesaria para alcanzar dicha actividad[31].

Una rotación elevada de activos indicaría una elevada tasa de recuperación de las inversiones o una elevada generación de ventas por cada unidad monetaria invertida en los activos de la empresa. Se clasifican en dos grupos: a corto plazo y a largo plazo.

Los ratios de actividad a corto plazo miden la eficiencia en la gestión de activos corrientes. Una mayor eficiencia en la gestión de activos circulantes implica un periodo medio de maduración corto y, por tanto, una rápida circulación de los recursos inmovilizados en cuentas de circulante sin rentabilidad como las existencias de materias primas, productos en curso o productos terminados, así como en cuentas de clientes.

- Una rotación elevada de los activos corrientes supone minimizar los costes de oportunidad asumidos por la inversión en cuentas de circulante, pero al mismo tiempo conlleva el peligro potencial de rupturas en el ciclo de explotación o pérdida de ventas por ruptura de stock. El mantenimiento de stocks de materias primas, productos en curso, productos terminados permite tener niveles de rotación altos y mínimas inversiones, pero conlleva que podamos quedarnos sin las existencias necesarias para completar el ciclo de producción de la empresa. Ejemplo: imaginemos que nuestros proveedores se retrasan en las entregas, dado que no tenemos suficientes materias primas almacenadas no podremos continuar la producción a ritmo normal y todo el proceso productivo se pararía.
- Por el contrario, una baja rotación implica que tenemos mayores inventarios, que nos permitirían cubrirnos ante retrasos de los proveedores, pero esos inventarios generan costes. Ejemplo: podemos estar interesados en tener un gran stock de productos terminados porque anticipamos un incremento de la demanda, lo cual llevaría a una baja rotación de productos terminados, un mayor gasto de almacenamiento y posibles problemas de obsolescencia si finalmente no se produce ese incremento de la demanda y no podemos dar salida a todo el stock.

---

[31] Los indicadores de rotación ya han sido vistos en el tema 4 al estudiar el periodo medio de maduración de la empresa.

Lo ideal es establecer unos stocks óptimos que eviten rupturas y que no conlleven mayores gastos por excesivo almacenamiento.

6.4.1. Rotación de materias primas.

$$\frac{\text{Consumos anuales de materias primas}}{\text{Saldo medio de materias primas}}$$

Mide las veces al año que se renuevan las existencias de materias primas. Da una idea de la eficiencia en la gestión de los almacenes de materias primas. Al igual que en todas las rotaciones, interesa que sea lo más alto posible sin generar rupturas.

6.4.2. Rotación de productos en curso.

$$\frac{\text{Producción anual a coste}}{\text{Saldo medio de productos en curso}}$$

Mide las veces al año que se renuevan las existencias de productos en curso. Da una idea de la eficiencia del sistema productivo de la empresa, interesa también que sea lo más alto posible.

6.4.3. Rotación de productos terminados.

$$\frac{\text{Ventas anuales a coste}}{\text{Saldo medio de productos terminados}}$$

Mide las veces al año que se renuevan las existencias de productos terminados. Da una idea de la eficiencia en las ventas, interesa que sea lo más alto posible. En este caso se debería considerar el efecto negativo derivado de la pérdida de ventas por falta de stocks.

En algunos casos es admisible la utilización de la cifra de ventas en vez del coste de las unidades vendidas cuando existe una relación estable entre las ventas y su coste.

Rotaciones anormalmente elevadas de los distintos tipos de inventarios pueden ser síntoma de una buena gestión de inventarios caracterizada por la minimización de inversiones improductivas en este tipo de activos. No obstante, también puede ser un síntoma de futuros problemas derivados de la ruptura de stocks, tales como la paralización del proceso productivo por falta de materias primas o de productos en curso y la pérdida de ventas por inexistencia de inventarios de productos terminados. Otra consideración que habría que hacer respecto a la interpretación de estos ratios, es la relativa a la construcción voluntaria de inventarios. Una empresa pude optar por la construcción de inventarios de productos terminados, en curso o de materias primas, si por ejemplo espera un repunte de la actividad, o problemas de abastecimiento o aumento del precio de sus aprovisionamientos. En este caso la existencia de bajas rotaciones de inventarios y elevados periodos medios de almacenamiento o venta no serían representativos de una política de gestión de inventarios ineficiente.

6.4.4. Rotación de cuentas de clientes.

$$\frac{\text{Ventas anuales a precio de venta}}{\text{Saldo medio de clientes}}$$

Mide las veces al año que se renuevan las cuentas de clientes. Esta rotación depende de la política de cobro a clientes, cuanto mayor sea el aplazamiento concedido a los clientes para abonar las facturas mayores stock de clientes tendremos. Si la política de cobro de la empresa es en el momento de la entrega no tendremos cuentas de clientes. La concesión de crédito a clientes supone para la empresa prestar dinero sin cobrar intereses, sin embargo, esos aplazamientos para la empresa que los concede tienen un coste, que es el coste medio de capital. Debe tenerse en cuenta que esta rotación puede ser baja como consecuencia de impagos por parte de los clientes.

6.4.5. Rotación de cuentas de proveedores.

$$\frac{\text{Compras a precio de compra}}{\text{Saldo medio de proveedores}}$$

Mide las veces al año que se renuevan las cuentas de proveedores. Esta rotación depende de la política de pago que nos conceden los proveedores. Al igual que en el caso de los clientes, los proveedores no cobran un interés explícito, por tanto, estaríamos obteniendo financiación sin coste. La rotación de proveedores es una rotación de pasivo, por tanto, interesa que sea baja.

Todas estas rotaciones vistas están relacionadas con el ciclo de explotación o ciclo a corto plazo de la empresa. También podemos calcular, como medidas de eficiencia de la empresa, la rotación del activo fijo y la rotación del activo total de la empresa.

6.4.6. Rotación de activo fijo.

$$\frac{\text{Ventas}}{\text{Inmovilizado neto medio}}$$

Relaciona la cifra de ventas con el valor del inmovilizado o activo fijo. Interesa que sea alto. No obstante, el valor de este ratio se puede encontrar falseado por los desfases entre el valor contable de los activos fijos y su valor de mercado. La minusvaloración de los activos fijos en la contabilidad puede dar lugar a rotaciones anormalmente altas que no recogen realmente la eficiencia en el uso de los activos fijos.

6.4.7. Rotación del activo total.

$$\frac{\text{Ventas}}{\text{Activo total neto medio}}$$

Es semejante al anterior y relaciona las ventas con el valor de todo el activo. Resume la información de todos los indicadores de rotación anteriormente expuestos. Como en todos ellos interesa que sea alto, lo cual sería indicativo de una gestión eficiente del activo.

Tal y como habíamos visto en el tema 4, las rotaciones de corto plazo están relacionadas con las duraciones de los distintos subperiodos del ciclo de explotación o ciclo productivo. Estos subperiodos ponen de manifiesto los días en los que, por término medio, la empresa tiene almacenadas las distintas existencias de materias primas, productos en curso, productos terminados, clientes y proveedores. La consideración de estos subperiodos nos lleva a recordar los conceptos periodo medio de maduración económico y periodo medio de maduración financiero vistos en el capítulo 4.

6.5. Ratios de solvencia.

El análisis de la solvencia o de la situación financiera a largo plazo tiene por objeto evaluar la capacidad de la empresa para atender sus deudas y compromisos financieros de todo tipo a lo largo de dicho horizonte temporal. Tal análisis es esencial para los propietarios de la entidad y para los prestamistas, que demandarán una remuneración acorde con los niveles de riesgo percibidos en cada momento por unos y otros. Para analizar la solvencia de una empresa es necesario examinar la composición de las inversiones y de las fuentes utilizadas para su financiación, así como las relaciones existentes en el seno del binomio inversión-financiación.

No existe una estructura ideal de balance común a todos los tipos de empresa. La composición más conveniente en cada momento dependerá de numerosos factores interdependientes, tales como el sector de actividad, la política financiera adoptada por la empresa, la facilidad de acceso a los mercados de capitales o el momento del ciclo económico general. También a largo plazo, con carácter general, la posición de equilibrio financiero requiere que exista sincronía entre el plazo de recuperación de las inversiones y los plazos de reembolso de los pasivos contraídos. De no ser así, las tensiones financieras requerirán acudir a nuevo endeudamiento, cuyo coste podrá afectar negativamente a los resultados de los propietarios e incrementar el riesgo percibido por los acreedores. Dada la estrecha relación existente entre rentabilidad y solvencia, cuando se analiza esta variable el acento hay que ponerlo, más que en la liquidez, en examinar la capacidad que tiene la empresa para generar beneficios a largo plazo, dado que a corto plazo una empresa no rentable puede disponer de liquidez, pero es evidente que a largo plazo una empresa no rentable no podrá ser solvente, es decir, no generará liquidez suficiente.

A la hora de analizar la solvencia de la empresa debemos distinguir entre indicadores o ratios de estructura y ratios de cobertura. Comenzamos a explicar los ratios de estructura financiera.

6.5.1. Ratio de apalancamiento.

$$\frac{\text{Acreedores no corrientes + Acreedores corrientes}}{\text{Patrimonio neto}}$$

En general, los ratios de solvencia comparan las aportaciones de los accionistas a la empresa con las fuentes de financiación externas, es decir comparan el capital propio con las deudas.

Este es uno de los ratios más conocidos y seguidos por los acreedores, que compara las deudas totales (acreedores a largo plazo + acreedores a corto plazo) con el patrimonio neto (aportaciones de los accionistas). Compara por tanto el volumen de financiación de la empresa obtenido de dos formas distintas:

- Mediante deuda: la esencia de este tipo de financiación reside en que existe un compromiso contractual de realización de pagos fijos (intereses y devolución del principal). El incumplimiento de estos compromisos de pago puede suponer la pérdida de control sobre la empresa por parte de sus propietarios. La deuda en empresas de pequeño tamaño toma la forma de préstamos bancarios y en el caso de grandes empresas puede tomar la forma de empréstitos (emisiones de obligaciones, bonos, pagarés).
- Mediante las aportaciones de los propietarios: estas aportaciones pueden tomar la forma de ahorros de los propietarios en los casos de pequeños negocios, "capital riesgo" en el caso de empresas de mayor tamaño y acciones ordinarias en el caso de empresas de mayor tamaño y cotizadas. Los suscriptores de estas participaciones tienen derechos sobre los flujos de efectivo sobrantes una vez atendidos los derechos de los acreedores.

6.5.2. Coeficiente de endeudamiento.

$$\frac{\text{Acreedores no corrientes} + \text{Acreedores corrientes}}{\text{Activo total}}$$

Es semejante al anterior y mide la proporción de fondos totales proporcionados por los acreedores en relación con el total de inversiones realizadas por la empresa. Medirá, por tanto, que parte de la estructura económica está financiada por los acreedores.

Los problemas que pueden surgir al calcular los ratios anteriores son los derivados de valorar los recursos ajenos a largo plazo y los fondos propios. Para ello se puede tomar el valor en libros, aunque siempre debería tomarse el valor de mercado de ambas partidas siempre que ello sea posible. En general estos ratios de solvencia o apalancamiento indican siempre el mayor o menor empleo de recursos ajenos en una empresa.

6.5.3. Ratio de capitales permanentes.

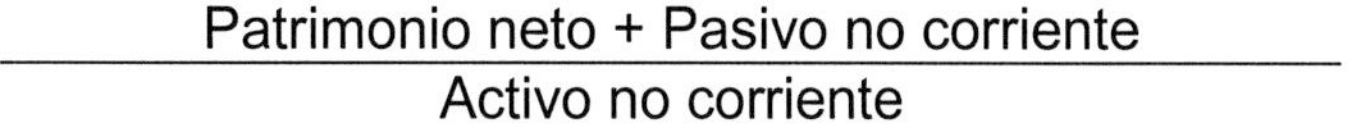

$$\frac{\text{Patrimonio neto} + \text{Pasivo no corriente}}{\text{Activo no corriente}}$$

Se define como la relación existente entre los capitales permanentes de la empresa (a largo plazo) y el activo no corriente o activo a largo plazo.

Este ratio mide la estabilidad financiera a medio y largo plazo de la empresa. Para ello nos presenta la adecuación entre la estructura económica permanente y la estructura financiera permanente. Un ratio con un valor inferior a la unidad indicaría una mala práctica en la financiación empresarial. La empresa estaría financiando parte de su activo a largo plazo, es decir que se convertirá en liquidez en el largo plazo, con deuda a corto que exigirá su devolución y refinanciamiento en el corto plazo. En este caso la empresa podría encontrarse en graves problemas por la necesidad de asumir condiciones de refinanciamiento no ventajosas o incluso no poder refinanciar su deuda a corto lo cual la llevaría a la situación de tener que liquidar su activo.

6.5.4. Coeficiente básico de financiación.

$$\frac{\text{Patrimonio neto + Pasivo no corriente}}{\text{Activo no corriente + capital corriente mínimo}}$$

Contablemente las inversiones que la empresa mantiene a largo plazo se reflejan en el activo no corriente, por ello en el anterior ratio la estructura económica permanente se correspondía con dicho activo no corriente. Sin embargo, operativamente los stocks que la empresa mantiene de una forma constante para poder desarrollar su ciclo productivo sin rupturas se pueden considerar una inversión permanente. Aunque se renueven constantemente las existencias, operativamente hay realizada una inversión permanente. Por ello este ratio corrige al anterior al considerar que los capitales permanentes de la empresa deben financiar no solo el activo no corriente sino también ese activo corriente que permanece constantemente en la empresa. Este activo es el que se conoce como capital corriente económico mínimo. Al igual que el ratio anterior no debería ser inferior a la unidad.

6.5.5. Estructura de endeudamiento.

$$\frac{\text{Acreedores corrientes}}{\text{Acreedores totales}}$$

Expresa la calidad de la deuda. Cuanto menor sea el valor de este ratio mejor calidad tendrá la deuda en cuanto a plazo se refiere. Hay que tener en cuenta que muchas empresas, o bien por su reducida dimensión o por la actividad que desarrollan, tienen dificultades para acceder a la financiación a largo plazo y a los mercados bursátiles, lo que explica que tengan una deuda eminentemente a corto plazo. En el análisis de la calidad de la deuda debemos tener también en cuenta que dentro de los fondos ajenos corrientes incluimos las cuentas de proveedores que no tienen un coste financiero explícito. Explicamos a continuación los ratios de solvencia denominados de cobertura puesto que tienen en cuenta la capacidad de la empresa para poder atender a los compromisos de la deuda adquirida.

6.5.6. Cobertura de intereses.

$$\frac{\text{BAIT}}{\text{Intereses}}$$

Indica la capacidad de la empresa para hacer frente al pago de los intereses derivados de su deuda.

La empresa cuenta con su BAIT (beneficio de explotación o beneficio antes de intereses e impuestos) para pagar los intereses. Valores superiores a la unidad indican que la empresa genera beneficios suficientes para hacer frente al servicio de la deuda. Valores más elevados son indicativos de una mayor solvencia de la empresa. Este ratio cobra mayor importancia en situaciones en las que se supone capacidad de la empresa para la renovación de la deuda, en cuyo caso la solvencia reside en la capacidad de la empresa para hacer frente al pago de intereses.

6.5.7. Cobertura de compromisos financieros.

$$\frac{\text{BAIT + Amortizaciones y dotaciones a provisiones}}{\text{Intereses * (1-t) + Principal con vencimiento en el año}}$$

Los compromisos financieros de la empresa no solo son el pago de intereses, sino que debe devolver todos los años parte del principal que tiene contratado. Para hacer frente a estos compromisos la empresa cuenta con los recursos generados antes de impuestos y cargas financieras, estos recursos generados serán el BAIT más amortizaciones y dotaciones a provisiones[32]. Valores de este ratio superior a la unidad indican la capacidad de la empresa para hacer frente a todos los compromisos que se derivan de su endeudamiento. No obstante, la capacidad real de la empresa para hacer frente a la devolución del principal depende en último término de su capacidad para renovar la deuda, puesto que una estructura financiera estable conlleva la sustitución de un contrato de endeudamiento que vence por otro nuevo.

Los intereses se corrigen multiplicando su valor por (1-t), siendo t la tasa del impuesto de sociedades y ello como consecuencia de la deducibilidad de los gastos financieros en el impuesto sobre sociedades.

6.5.8. Coste medio de la deuda.

$$\frac{\text{Intereses * (1-t)}}{\text{Acreedores con coste explícito}}$$

Este indicador nos da idea de cuál es el tipo de interés medio que la empresa paga por su deuda. En el denominador únicamente se incluye aquella deuda que tiene coste explícito, por lo que las partidas como proveedores no se deben considerar. Interesa que el valor del indicador sea lo menor posible.

6.6. Ratios de rentabilidad.

A través de indicadores de rentabilidad y márgenes ponemos de manifiesto la capacidad de la empresa para generar rentas, la seguridad o estabilidad de dichas rentas vendrá dada por indicadores de riesgo.

Los márgenes miden el porcentaje de las ventas que constituye beneficio para la empresa. Los márgenes elevados son indicativos de poder de mercado para la empresa. Este poder de mercado se manifiesta en la capacidad para controlar el diferencial (ingresos-costes) dado que la empresa impone precios en el mercado de productos y/o en el de factores. Interesa que los márgenes sean altos. Podemos hablar de margen bruto y margen neto.

---

[32] Los recursos de explotación generados por la empresa se calculan como BAIT + Amortizaciones y dotaciones a provisiones. Recordamos que las amortizaciones y las dotaciones a provisiones son gastos, que por tanto se han restado para calcular el BAIT, pero que no suponen una salida de fondos, por lo que realmente los recursos líquidos (en caja) con que cuenta la empresa para poder atender los compromisos de la deuda son mayores que la cifra de BAIT.

Margen bruto de explotación: se define como la relación entre el beneficio bruto y las ventas.

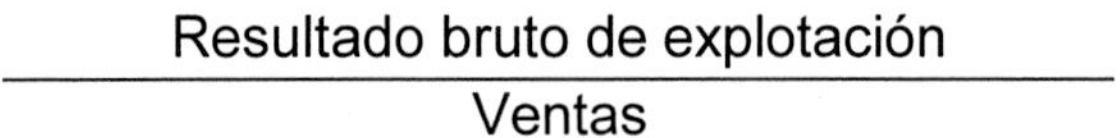

Margen neto de explotación: Es la relación entre el resultado neto de explotación (una vez deducida la amortización) y las ventas.

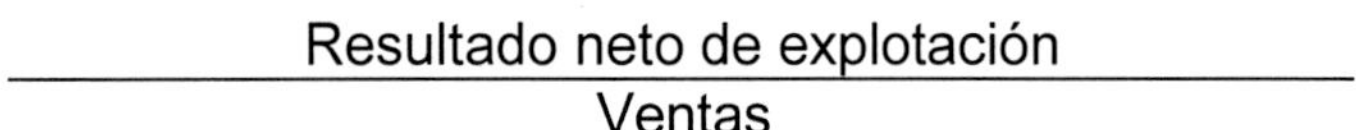

La rentabilidad puede definirse como la relación entre los resultados en una determinada actividad y los recursos comprometidos en la obtención de esos resultados (activo total o fondos propios). Si comparamos una cifra de beneficio que representa la diferencia entre ingresos y gastos durante todo el ejercicio con una cifra de balance que representa un valor a final de ejercicio podríamos estar cometiendo errores, puesto que no serían magnitudes comparables. Por ello, con carácter general las cifras de balance se toman en términos medios: (valor inicio de ejercicio + valor final de ejercicio) / 2.

En términos empresariales, se puede hablar de dos tipos de rentabilidades básicas: rentabilidad económica y rentabilidad financiera.

6.6.1. Rentabilidad económica.

La rentabilidad económica (RE), rendimiento de las inversiones, ROI (return on investments) o ROA (return on assets), es la relación entre el resultado antes de impuestos e intereses y el activo total de la empresa.

Este ratio mide la capacidad del activo de la empresa para generar rentas. El valor de este ratio es el producto del margen sobre ventas y la rotación del activo total. La rentabilidad económica de la empresa será mayor cuanto más eficientemente se utilice el activo y cuanto mayor sea el margen por unidad monetaria de ventas. Lógicamente desde el punto de vista de la evaluación de la empresa este ratio presentará un mejor valor cuanto más elevado sea.

La rentabilidad económica mide el éxito de la empresa en la utilización de sus activos, con independencia de la forma en que éstos se financien, y viene determinada por el cociente del BAIT (beneficio de explotación o beneficio antes de intereses e impuestos) entre los activos totales.

Se observa que, en el cálculo de esta rentabilidad, se comparan los beneficios obtenidos con los activos (BAIT) con el volumen de dichos activos empleados para la obtención del beneficio. Por tanto, los activos que no hubiesen contribuido a la generación de tal beneficio no deberían incluirse en el cálculo, por ejemplo, la maquinaria averiada, equipos en construcción, etc.

La rentabilidad económica se puede descomponer en dos factores: el margen y la rotación. Así pues, una misma rentabilidad podrá ser consecuencia de distintas combinaciones de margen y rotación.

Si dividimos y multiplicamos la expresión de la rentabilidad económica por ventas, la expresión no cambia, pero obtenemos sus dos componentes.

$$\frac{\text{BAIT}}{\text{AT medio}} = \frac{\text{BAIT}}{\text{Ventas}} * \frac{\text{Ventas}}{\text{AT medio}}$$

De esta expresión se deduce que la rentabilidad económica de una empresa dependerá de la estrategia seguida por ésta, de la intensidad de capital del sector y de la propia empresa y del entorno competitivo en que la misma se desenvuelva. Las empresas que operan en sectores intensivos en capital tienen que realizar fuertes inversiones que deben ser compensadas con márgenes amplios. Su estrategia se centra, de este modo, en la obtención y mantenimiento de márgenes altos. Por el contrario, las empresas poco intensivas en capital suelen operar en entornos de alta competencia, lo cual supone márgenes reducidos, debiendo centrar su estrategia en la rotación.

6.6.2. Rentabilidad financiera

La rentabilidad financiera (RF), rentabilidad de los fondos propios, rentabilidad de los accionistas o ROE (return on equity) mide la rentabilidad generada para los propietarios de la empresa.

El valor de este ratio depende de la rentabilidad de los activos de la empresa, del grado de endeudamiento, así como del coste del mismo y de la tasa fiscal a la que se encuentran sometidos los beneficios de la empresa. Como indicativo de la renta generada para los accionistas por cada unidad monetaria aportada a la empresa este ratio será mejor cuanto más elevado sea su valor. No obstante, su evaluación no puede ser, al igual que en el resto de los ratios, considerada de manera aislada ya que convendrá evaluar al mismo tiempo el riesgo asumido por los accionistas y en concreto el proveniente del endeudamiento.

La rentabilidad económica, como se indicó, mide el éxito de la empresa en el uso de sus activos, sin tener en cuenta como se financian. La rentabilidad financiera mide el éxito en la utilización de los activos, pero considerando el modo en que se financian, es decir, mide la rentabilidad que obtienen los propietarios de la empresa (sus accionistas). Se calcula como cociente del benefico neto (después de pagar impuestos) entre los fondos propios (los fondos aportados por los propietarios de la empresa).

$$\mathbf{RF\ (d.i.)} = \frac{\mathbf{BN}}{\mathbf{FP}}$$

Sería posible calcular de forma análoga una rentaiblidad financiera antes de impuestos considerando el BAT (beneficio antes de impuestos) en lugar del BN.

Teniendo en cuenta que:

$$\text{BN} = \text{BAT} \cdot (1 - \text{t})$$

La expresión de la rentabilidad financiera antes de impuestos sería, de este modo:

$$RF\ (a.i.) = \frac{BAT}{FP}$$

Por lo tanto, ambas expresiones se pueden relacionar por medio del gravamen de tipo fiscal:

$$RF\ (d.i.) = RF\ (a.i.) \cdot (1 - t)$$

La rentabilidad financiera, al igual que se hizo con la rentabilidad económica, también se puede descomponer en dos facctores: la rentabilidad económica y el efecto apalancamiento financiero[33]:

RF (ai) = RE + (RE – i) D/FP

Si consideráramos la rentabilidad financiera después de impuestos tendríamos también el denominado efecto impositivo como tercer componente de la rentabilidad financiera.

El efecto apalancamiento es muy importante para la empresa porque pone de manifiesto si el endeudamiento permite a los accionistas obtener una mayor rentabilidad por sus fondos.

El efecto apalancamiento indica si la empresa dispone de oportunidades de inversión que ofrezcan una rentabilidad superior al coste de capital, en cuyo caso sería beneficioso para la empresa endeudarse pues ello conllevaría una mejora en la rentabilidad de los fondos propios.

Vemos en el gráfico que si la rentabilidad económica es mayor que el tipo de interés (i) un incremento del nivel de endeudamiento (Deuda/ FP) llevaría a una mayor rentabilidad de los accionistas. Sin embargo, cuando la rentabilidad económica es menor que el tipo de interés que se paga por la deuda, el endeudamiento no sería positivo para los accionistas puesto que su rentabilidad sería menor que la rentabilidad económica.

Si la diferencia entre la rentabilidad económica y el coste de la deuda (i) es positiva interesa ampliar el uso de la deuda para aumentar así la rentabilidad financiera, pero este incremento del nivel de endeudamiento no será ilimitado, dado que el coste de la deuda se incrementará con el nivel de deuda pues una mayor deuda hace que se incremente el riesgo financiero de la empresa y, por tanto, los acreedores exigirán un mayor tipo de interés por seguir prestando sus recursos a la empresa.

Este efecto se observa en el siguiente ejemplo.

---

[33] RF (ai) = BAT / FP = BAIT – Gastos financieros / FP
RE = BAIT / AT , despejamos BAIT como RE * AT
En la expresión de RF despejamos BAIT:
RF (ai) = BAIT – Gastos financieros / FP = RE* AT – Gastos financieros / FP
Gastos financieros es igual a i (interés de la deuda) * Deuda, despejamos en la expresión anterior
RF (ai) = BAIT – Gastos financieros / FP = (RE* AT – Gastos financieros) / FP = (RE * AT – i *Deuda) / FP
Activo total = Deuda + FP, despejamos en la expresión previa
RF (ai) = (RE * (Deuda + FP) – i *Deuda) / FP
RF (ai) = RE * Deuda + RE*FP – i*Deuda / FP
RF (ai) = RE*FP / FP + (RE – i)*Deuda / FP = RE + (RE – i) / FP

EJEMPLO 6.1. Efecto apalancamiento financiero

La tabla muestra los efectos que distintos niveles de endeudamiento tienen sobre la rentabilidad financiera antes y después de impuestos y el beneficio por acción recibido por los accionistas de una empresa. Datos de la empresa: activo total 1.000.000 u.m., nominal de las acciones 1.000 u.m., interés de la deuda 8%, impuesto de sociedades 30%.

ENDEUDAMIENTO	0%	20%	50%	80%
DEUDA	0	200.000	500.000	800.000
FONDOS PROPIOS	1.000.000	800.000	500.000	200.000
ACTIVO TOTAL	1.000.000	1.000.000	1.000.000	1.000.000
FA/FP	0	0,25	1	4
BAIT	300.000	300.000	300.000	300.000
RE	30%	30%	30%	30%
INTERESES (8%)	0	16.000	40.000	64.000
BAT	300.000	284.000	260.000	236.000
IMPUESTO (30%)	90.000	85.200	78.000	70.800
BN	210.000	198.800	182.000	165.200
RF (a.i.)	30%	35,50%	52%	118%
RF (D.I.)	21%	24,85%	36,40%	82,60%
BPA	210	248,5	364	826

Columna 0%: nivel de endeudamiento nulo, la empresa se financia totalmente con fondos propios. La rentabilidad financiera antes de impuestos es igual al 30%, la rentabilidad financiera después de impuestos es del 21%. El beneficio por acción es igual a 210 u.m.

Columna 20%: el nivel de endeudamiento se incrementa, por lo que el nivel de fondos propios se reduce (el activo total es constante). La rentabilidad financiera antes de de impuestos es del 35,50% y del 24,85% después de impuestos. El beneficio por acción es igual a 248,5 u.m. Vemos que las rentabilidades de los accionistas han mejorado como consecuencia del incremento del endeudamiento y ello porque la RE es superior al coste de la deuda (30% >8%), es decir, la empresa tiene efecto apalancamiento financiero positivo. Por lo que sería favorable para los accionistas seguir incrementando el endeudamiento.

Columna 50%: nivel de endeudamiento se incrementa nuevamente. La rentabilidad financiera antes de impuestos es igual al 52%, la rentabilidad financiera después de impuestos es igual al 36,40% y el beneficio por acción pasa a ser de 364 u.m. Vemos que las rentabilidades de los accionistas han seguido mejorando, por lo que se podría seguir incrementando el endeudamiento.

Columna 100%: nivel de endeudamiento se incrementa nuevamente, de forma que este alcanza el 80% del activo. La rentabilidad financiera antes de impuestos es igual al 118%, la rentabilidad financiera después de impuestos es igual al 82,60%. El beneficio por acción asciende a 826 u.m.

Se observa que, a medida que la empresa incrementa su endeudamiento, la rentabilidad de los accionistas mejora, en esta situación ¿lo mejor sería llegar a un nivel de deuda del 100%. Todo el desarrollo realizado indicaría que sí, pero lo que no hemos tenido en cuenta es que a medida que una empresa incrementa su nivel de deuda está incrementando su riesgo y ello lleva a que los acreedores incrementen el tipo de interés exigido por cada nueva deuda. Es decir, el supuesto planteado de tipo de interés constante del 8% no se presenta en la realidad, por lo que en cada incremento de deuda hay que ver cuál es la relación entre RE y tipo de interés.

6.7. Indicadores de riesgo.

El análisis de la rentabilidad de una empresa debe ir siempre acompañado del riesgo, o dicho de otro modo, es necesario considerar el binomio rentabilidad-riesgo.

Conceptualmente el riesgo es la variabilidad del beneficio (cualquier tipo de beneficio) de la empresa como consecuencia de la incertidumbre. Al igual que definíamos dos tipos de rentabilidad habitualmente empleados (rentabilidad económica y rentabilidad financiera), también podemos hablar de dos tipos de riesgo: riesgo económico y riesgo financiero. Y la combinación de ambos tipos de riesgo pone de manifiesto el riesgo total de la empresa.

El riesgo económico está relacionado con la variabilidad de los beneficios de explotación y depende de la capacidad generadora de rentas de los activos de la empresa, con independencia de la forma en que éstos estén financiados (al igual que la rentabilidad económica). El riesgo económico se origina por todas las circunstancias que pueden alterar la estabilidad del beneficio de explotación.

El riesgo financiero está relacionado con la capacidad de la empresa para hacer frente a los compromisos financieros derivados de las deudas contraídas. Por ello, la estructura de capital de la empresa es un factor determinante del riesgo financiero, aunque no lo era para el riesgo económico. Los factores que influyen sobre el riesgo financiero de una empresa son, por lo tanto, la magnitud del beneficio de explotación y la estructura de capital.

El beneficio de explotación es una magnitud que afecta al riesgo financiero, pues la capacidad de la empresa para hacer frente a sus compromisos financieros será mayor cuanto mayor sea el beneficio de explotación. En definitiva, el riesgo financiero depende en gran medida de que el beneficio de explotación sea suficiente para cubrir las cargas financieras de la deuda.

En cuanto a la estructura de capital, cuanto mayor sea el endeudamiento, mayor será la cantidad de intereses que la empresa debe pagar a sus acreedores, por lo que, para un determinado beneficio de explotación, el beneficio neto será menor. Si dos empresas tienen igual beneficio de explotación, será mayor el beneficio neto de la empresa que esté menos endeudada. Por otro lado, no se debe despreciar el efecto del endeudamiento sobre el riesgo, que afecta también al coste de la deuda y, por tanto, a las cargas financieras.

El riesgo económico es el riesgo derivado de las inversiones de la empresa y el riesgo financiero se deriva de la forma en que la empresa financia dichas inversiones. El riesgo total de la empresa será la conjunción del riesgo asumido en las inversiones realizadas, así como del riesgo derivado de la forma en que se financian dichas inversiones. Una empresa con riesgo económico alto debería ser conservadora en su financiación, para que su riesgo financiero fuera bajo, y en conjunto su riesgo total no sea excesivo. Mientras que una empresa que tenga un riesgo de actividad bajo podría ser más arriesgada en su financiación, es decir, podría incrementar su nivel de endeudamiento.

Vamos a explicar a continuación cómo podemos medir cada uno de estos riesgos.

6.7.1. Riesgo económico.

Definíamos riesgo económico como la variabilidad del beneficio de explotación o BAIT. ¿Qué puede hacer variar el BAIT?

Para analizar la variabilidad de los beneficios de explotación de la empresa es preciso conocer los elementos que afectan a los ingresos y a los gastos:

- Los ingresos dependen fundamentalmente de las condiciones del mercado: cantidad y precio, esto es, unidades vendidas y precio de los productos. El número de unidades vendidas depende de factores como la cuota de mercado de la empresa, la existencia o aparición de productos sustitutivos, las preferencias de los consumidores, etc. El precio de los productos depende de las condiciones de la demanda y de la capacidad de la empresa para fijar esos precios, esto es, de su poder de mercado (grado de monopolio), vinculado con la estructura competitiva del mercado.

- La estructura de costes de la empresa debe analizarse distinguiendo entre costes fijos y costes variables. Así, podrá conocerse la magnitud de los costes que son independientes del volumen de ventas. Si los costes fijos predominan sobre los variables, los costes totales no serán sensibles ante cambios en las ventas, lo que se traduce en una reducción de la flexibilidad de la empresa para reducir costes cuando las ventas descienden. Al no variar los costes fijos con el volumen de ventas, son éstos los que más efecto tienen sobre el benefico de explotación y el riesgo económico de la empresa.

El riesgo económico de la empresa se puede medir a partir de distintos indicadores: indicadores contables como el grado de apalancamiento operativo, indicadores estadísticos de dispersión como la desviación estándar o la varianza del BAIT, el coeficiente de variación del BAIT o la semidesviación estándar del BAIT o con medidas de mercado como la beta de los activos. De todas ellas únicamente vamos a estudiar el grado de apalancamiento operativo.

El estudio del riesgo económico de la empresa se centra en el análisis del efecto de los costes de la empresa sobre el beneficio de ésta, en especial los costes fijos y ello porque las variaciones en el margen y beneficios de la empresa al variar las ventas serán mayores cuantos mayores sean los costes fijos.

El riesgo económico puede medirse con información contable a través del grado de apalancamiento operativo (GAO) o grado de intensidad del capital, indicador que refleja la variabilidad del beneficio de explotacion ante variaciones en las ventas. Esta variación será tanto mayor cuanto mayor sea el volumen de activos fijos de la empresa.

Las empresas que necesitan grandes inversiones en activos de larga duración para producir sus bienes son intensivas en capital. El hecho de que gran parte de sus costes sean fijos hace que las empresas intensivas en capital, como los fabricantes de automóviles y líneas aéreas, sean especialmente sensibles al estado de la economía, prosperando cuanto las condiciones económicas son favorables y las ventras crecen respecto a los costes y sufriendo en los periodos desfavorables cuando sucede lo contrario.

El apalancamiento operativo es una variable de referencia para los acreedores puesto que amplifica el riesgo empresarial intrínseco a un negocio.

Suele definirse como el cociente entre la variación porcentual del BAIT ante variaciones prcentuales en el número de unidades vendidas:

$$\text{GAO} = \frac{\text{Var. \% BAIT}}{\text{Var. \% Ventas}} \Rightarrow \text{Var. \% BAIT} = \text{GAO} \cdot \text{Var. \% Ventas}$$

$$\text{GAO} = \frac{(\text{P} - \text{C}_\text{v}) \cdot \text{N}^\text{o}\ \text{uds}}{(\text{P} - \text{C}_\text{v}) \cdot \text{N}^\text{o}\ \text{uds} - \text{CF}} = \frac{\text{Ventas - CV}}{\text{Ventas - CV - CF}} = \frac{\text{Ventas - CV}}{\text{BAIT}}$$

Siendo P el precio de venta, C_V los costes variables unitarios, N^o uds. el número de unidades de producto vendidas, CF los costes fijos totales y CV los costes variables totales.

La expresión, así calculada es mayor o igual que 1 dado que el numerador será siempre mayor que el denominador. El GAO es, por tanto, una elasticidad dado que mide las variaciones producidas en una variable como consecuencia de los cambios que se producen en otra variable relacionada con la primera.

EJEMPLO 6.2. Grado de apalancamiento operativo

Dos empresas venden en el mercado el mismo producto y a idéntico precio (100 €), pero tienen distinta estructura de costes. La empresa A tiene bajos costes fijos, mientras que la empresa B, de nueva creación, presenta costes fijos elevados.
Analizar el riesgo económico de ambas empresas a partir de la información que se presenta en la siguiente tabla.

EMPRESA	Ventas (unidades)	Costes	
		Costes fijos	Costes variables unitarios
A	1.000	20.000	50
B	1.000	40.000	30

Beneficio económico inicial A = (100 –50) * 1.000 –20.000 = 30.000 €
GAO A = (100-50)* 1.000 / ((100-50)* 1.000 – 20.000) = 1,66
Beneficio económico inicial B = (100 –30) * 1.000-40.000 = 30.000 €
GAO B = (100-30)* 1.000 / ((100-50)* 1.000 – 40.000) = 2,33

Según el grado de apalancamiento operativo la empresa B (que tenía más costes fijos) es la que presenta mayor nivel de riesgo económico.

¿Podríamos haber evaluado el riesgo sin necesidad de conocer el grado de apalancamiento operativo?

Definimos genéricamente riesgo económico como variación del beneficio de explotación, por lo que podemos plantear qué pasa con el beneficio de cada empresa ante variaciones en las ventas. Así, por ejemplo, vamos a suponer dos escenarios: que las ventas se incrementan un 30% y que las ventas se reducen un 30%.

Incremento ventas 30 %:

Beneficio económico final A = (100 –50) * 1.300 –20.000 = 45.000 €

Incremento % beneficio A = (45.000-30.000) / 30.000 = 50 %

Beneficio económico final B = (100 –30) * 1.300-40.000 = 51.000 €

Incremento % beneficio B = (51.000-30.000) / 30.000 = 70 %

En la empresa donde los costes fijos son superiores (B), ante el mismo incremento de las ventas, el incremento del beneficio es mayor.

Reducción ventas 30 %:

Beneficio económico final A = (100 –50) * 700 –20.000 = 15.000 €

Reducción % beneficio A = (30.000-15.000) / 30.000 = 50 %

Beneficio económico final B = (100 –30) * 700-40.000 = 9.000 €

Reducción % beneficio B = (30.000-9.000) / 30.000 = 70 %

En la empresa donde los costes fijos son superiores (B), ante la misma reducción de las ventas, el incremento del beneficio es mayor.

En el caso de la empresa B, como consecuencia de sus mayores costes fijos, la variabilidad del BAIT ante cambios en la cifra de ventas es mayor que en el caso de la empresa A, por tanto, la empresa B presenta un mayor riesgo económico que la empresa A.

EJEMPLO 6.2. Grado de apalancamiento operativo

Gráficamente la evolución del beneficio de ambas empresas es la siguiente. Observamos que el beneficio de la empresa B, con mayores costes fijos, presenta una mayor pendiente, es decir, un mayor apalancamiento antes variaciones en las unidades de venta (eje X), por tanto es la empresa de mayor riesgo económico.

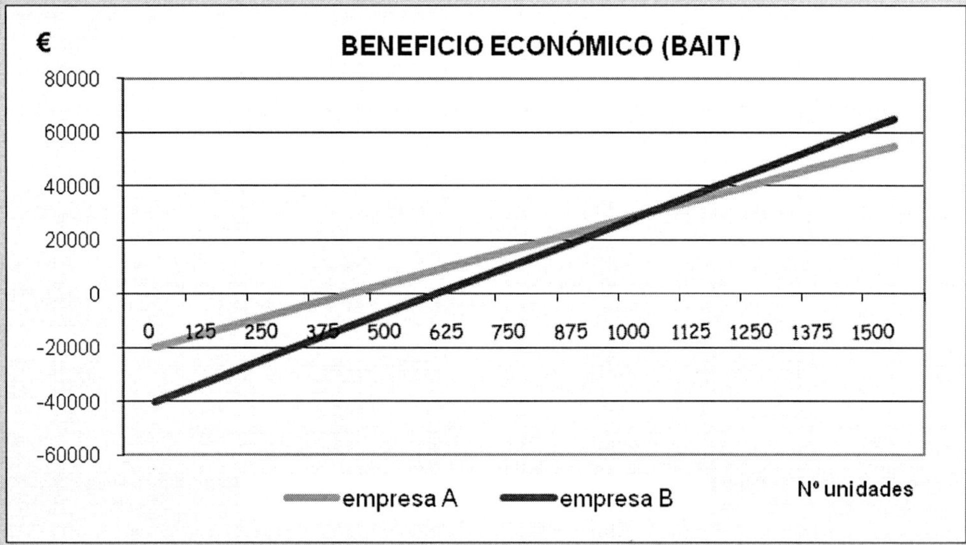

Con los datos de un ejercicio económico podemos calcular el riesgo económico de ese año concreto, pero ello no garantiza que ese riesgo se mantenga constante, por ello podemos calcular un riesgo económico histórico. Para ello utilizaríamos datos históricos de ventas y BAIT.

6.7.2. Riesgo financiero.

El riesgo financiero puede medirse mediante el grado de apalancamiento financiero (GAF), que refleja la variabilidad del beneficio neto con la variabilidad del beneficio de explotación. Se define como la variación porcentual que experimenta el beneficio antes de impuestos o el beneficio neto (beneficio disponible para el accionista antes o después de impuestos) ante una variación en el beneficio de explotación.

$$\text{GAF} = \frac{\text{Var.\% BN o BAT}}{\text{Var.\% BAIT}} \Rightarrow \text{Var.\% BN o BAT} = \text{GAF} \cdot \text{Var.\% BAIT}$$

$$\text{GAF} = \frac{(P - C_v) \cdot N^o\ \text{uds} - CF}{(P - C_v) \cdot N^o\ \text{uds} - CF - GF} = \frac{\text{Ventas - CV - CF}}{\text{Ventas - CV - CF - GF}}$$

$$= \frac{\text{BAIT}}{\text{BAIT - GF}} = \frac{\text{BAIT}}{\text{BAT}}$$

Cuanto mayor sea el volumen de gastos financieros mayor será el apalancamiento financiero y, por ello, mayor será el riesgo financiero de la empresa. El GAF depende como se observa de las cargas financieras de forma directa.

Aunque las empresas disponen de una gran flexibilidad a la hora de elegir el nivel de apalancamiento financiero a emplear, cuestiones de naturaleza económica e institucional limitan sus facultades discrecionales. La naturaleza del negocio de una empresa, su activo y sus resultados influyen en el apalancamiento financiero que puede utilizar.

En general empresas con flujos de caja operativos predecibles y estables pueden asumir con tranquilidad un apalancamiento financiero más alto que aquellas que soportan un elevado grado de incertidumbre sobre las condiciones de mercado.

6.7.3. Riesgo total.

Del mismo modo que el riesgo económico se puede cuantificar usando el grado de apalancamiento operativo y el riesgo financiero mediante el grado de apalancamiento financiero, el riesgo total de la empresa para sus accionistas puede medirse empleando para ello una medida que se denominará grado de apalancamiento total o combinado (GAT o GAC). Como riesgo total se entiende el riesgo asociado tanto a los costes fijos operativos como a los financieros. Este grado de apalancamiento total se define como la variación porcentual que experimenta el beneficio financiero (BAT si es antes de impuestos o BN si es después) ante una variación porcentual en el número de unidades vendidas. Vendrá dado por la siguiente expresión:

$$\text{GAT} = \frac{\text{Var.\% BN o BAT}}{\text{Var.\% X}} \Rightarrow \text{Var.\% BN o BAT} = \text{GAT} \cdot \text{Var.\% X}$$

$$\text{GAT} = \frac{(P - C_v) \cdot X}{(P - C_v) \cdot X - CF - GF} = \frac{\text{VTAS - CV}}{\text{VTAS - CV - CF - GF}} = \frac{\text{VTAS - CV}}{\text{BAT}}$$

$$\text{GAT} = \text{GAO} * \text{GAF}$$

Por lo tanto, el GAT es igual al producto de los grados de apalancamiento operativo y financiero. El GAT depende de forma directa de los costes fijos y de las cargas financieras: cuantos mayores sean estas magnitudes, mayor será el riesgo total de la empresa. Al ser el GAT el producto del GAO y el GAF, dependerá directamente del valor de éstos, por lo que aumentará con los factores que los hagan aumentar y disminuirá con los que los hagan disminuir. Comoquiera que aumentos en los costes fijos hacen que crezca el riesgo operativo, también provocarán un incremento del riesgo total. Lo mismo ocurre con el efecto de los gastos financieros sobre el riesgo financiero y el riesgo total. Por ello es importante, tal y como decíamos anteriormente, que si una empresa tiene un riesgo económico alto no tenga una estructura financiera con elevada deuda, puesto que esto haría incrementar considerablemente el riesgo total de la empresa (el riesgo total no es la suma, es el producto).

6.8. Otros indicadores financieros: ratios bursátiles.

Utilizar la rentabilidad financiera para medir la rentabilidad de los accionistas lleva a engaños, puesto que la rentabilidad de los accionistas debe considerarse a partir de datos de mercado, es decir, variables bursátiles. Por ello vamos a explicar, a continuación, algunos de los principales ratios bursátiles que permiten conocer la rentabilidad de los inversores, así como conocer el valor de la empresa.

6.8.1. Rentabilidad del accionista.

La rentabilidad del accionista se calcula por tanto a través del siguiente indicador.

$$\frac{\text{Div. por acción} + (\text{Precio acción}_1 - \text{Precio acción}_0)}{\text{Precio acción}_0}$$

Los accionistas reciben por su aportación a la empresa dividendos, por lo que éstos son su principal fuente de rentabilidad. Además de los dividendos, los accionistas pueden obtener ganancias de capital al vender sus acciones, si éstas son vendidas por un precio superior al precio de compra. Por tanto, la rentabilidad real de un accionista no será la rentabilidad contable o rentabilidad de los fondos propios sino la obtenida vía dividendos y vía ganancias de capital.

Si esta rentabilidad se calcula en términos anuales, Precio acción$_1$ y Precio acción$_0$ serán el precio de la acción al final del año y al principio del año, respectivamente.

6.8.2. Beneficio por acción (Bpa).

$$\frac{\text{Resultado del ejercicio}}{\text{Número de acciones vivas}}$$

Este indicador es uno de los más comúnmente seguidos por los inversores. Relaciona el resultado de la empresa con el número de acciones vivas[34]. Debido a que como indicador de rentabilidad presenta la limitación básica de que no hace referencia al volumen de capitales invertidos para la obtención del beneficio, se hace imposible la comparación de este indicador entre distintas empresas. La valoración de este ratio se hace por tanto en términos de evolución en el tiempo para una misma empresa.

6.8.3. Pay out.

Este ratio se define como la relación entre el dividendo por acción y el beneficio por acción o la relación entre el dividendo total y el resultado del ejercicio.

$$\frac{\text{Dividendo por acción}}{\text{Beneficio por acción}} \quad \text{o} \quad \frac{\text{Dividendo total}}{\text{Resultado del ejercicio}}$$

Nos indica la proporción de beneficio que destina la empresa para pagar el dividendo a sus accionistas. La cifra de dividendo por acción en las empresas occidentales[35] es mayoritariamente fija o creciente por escalones. Las empresas tienden a repetir los dividendos repartidos en ejercicios previos, y cuando creen que pueden mantener un nivel

---

[34] En caso de haber acciones preferentes se debe sustraer del resultado del ejercicio su remuneración. El denominador puede incluir no solo el número de acciones comunes, sino también otros equivalentes como los warrants, las opciones sobre acciones y todas las obligaciones convertibles que aún no hayan sido convertidas en acciones. No obstante, esta cifra puede resultar muy elevada, dado que los poseedores de estos activos muy a menudo no ejercen sus derechos a adquirir acciones de la empresa.

[35] En determinadas economías como por ejemplo la brasileña es muy habitual que las empresas emitan dos clases de acciones, con y sin derecho a voto. Habitualmente estas últimas tienen derecho a recibir un porcentaje fijo sobre la cifra de beneficios en forma de dividendos. Esto hace que en este tipo de empresas el pay-out sea estable a lo largo del tiempo.

más elevado en el largo plazo deciden el aumento del dividendo. Dado que la cifra de dividendo absoluto repartido suele ser fija, la tasa de reparto fluctúa a medida que lo hace la cifra de beneficio.

¿Puede una empresa repartir más del 100% de su beneficio en forma de dividendos?: Si esto ocurre, el pay-out tendría un valor superior a la unidad en dichas empresas. Puede haber empresas en las cuales debido a sus escasas necesidades de reinversión en el negocio generan un flujo de efectivo para los accionistas netamente superior al beneficio generado (empresas por ejemplo con elevada amortización y baja inversión en activos a largo). Este tipo de empresas pueden repartir efectivo por un valor superior al del beneficio. Un caso particular sería el de aquellas empresas en declive que generan un volumen de efectivo superior al que pueden reinvertir en su negocio de manera rentable. Estas empresas pueden mantener una tasa de reparto superior al 100% como forma de ir liquidando ordenadamente la empresa y devolviendo efectivo a los accionistas.

Otro tipo de empresas que pueden presentar puntualmente un pay-out superior a la unidad son las empresas pertenecientes a sectores cíclicos. Estas empresas mantienen el volumen de dividendos absolutos repartidos lo cual implica que, en las etapas altas del ciclo económico, cuando generan unos beneficios elevados, su tasa de reparto es muy baja. Por contra, en etapas donde el ciclo económico está en su punto bajo y en las que consecuentemente su beneficio es también bajo la tasa de reparto sube pudiéndose situar por encima del 100% y utilizando la reserva de efectivo generada en los años buenos para pagar el dividendo.

6.8.4. Rentabilidad por dividendo.

La rentabilidad por dividendo representa la rentabilidad en efectivo recibida por un accionista a lo largo de un año.

$$\frac{\text{Dividendo por acción}}{\text{Precio por acción}}$$

Como todo ratio de rentabilidad cuanto más alta es la rentabilidad por dividendo, mejor es para el accionista. No obstante, esto puede no ser siempre cierto puesto que un menor reparto de dividendos puede conducir a ganancias de capital que compensan al accionista por la menor rentabilidad vía dividendos. La consideración de manera aislada de la rentabilidad por dividendos podría llevarnos a una evaluación negativa de una empresa cuyo elevado potencial de crecimiento rentable las lleva a reinvertir una elevada proporción de sus beneficios, generando de este modo una baja rentabilidad por dividendos.

La rentabilidad por dividendos es un ratio útil para comparar empresas de negocios relativamente estables y con un pay-out elevado. Por el contrario, las empresas en crecimiento o expansión tienen una rentabilidad por dividendo baja, pues dedican sus beneficios a financiar parte de sus nuevas inversiones en el negocio.

A la hora de interpretar este indicador hay que tener en cuenta que cuando toma valores elevados a menudo se debe a la evolución a la baja de su denominador y no al aumento del numerador. En situaciones en las que una empresa ve reducido su precio debido a la percepción por parte del mercado de un empeoramiento en las expectativas de generación de flujos de efectivo por parte de la empresa o por un incremento en el nivel de riesgo asumido por los accionistas es común observar un aumento importante de la rentabilidad por dividendos de la empresa. Este hecho se debe a que los dividendos son estáticos y tardan en seguir la evolución de los beneficios. Si una empresa sufre una caída en su cotización se debe a que el mercado tiene malas previsiones para su evolución futura. La elevada rentabilidad por dividendos que se puede generar en estos casos se produce simplemente por un inadecuado ajuste del nivel de dividendo a las malas previsiones del mercado (básicamente la empresa mantiene el dividendo como si fuera una situación pasajera). En caso de que las malas previsiones del mercado se cumplan, el beneficio y el flujo de efectivo generado por la empresa caerán, consecuentemente se verá obligada a recortar dividendos y con ello la rentabilidad por dividendos bajará.

6.8.5. PER.

El ratio precio/beneficio o PER (Price Earning Ratio) es uno de los ratios más conocidos y relaciona el valor en el mercado de una acción (cotización) con los beneficios que produce la misma a su poseedor.

$$\frac{\text{Precio por acción}}{\text{Beneficio por acción}}$$

El PER se define como la cantidad de dinero que hay que invertir para obtener un euro de beneficio. Por ejemplo, si una empresa tiene un PER de 10, querrá decir que es necesario invertir 10 euros para obtener una unidad de beneficio. El PER se utiliza para distinguir entre las empresas cuyos beneficios se pagan "*caros*" y las empresas cuyos beneficios se pagan "*baratos*". Cuanto más bajo es el PER, más barata está la empresa en bolsa. Este ratio indica la estima que tienen los inversores por los beneficios generados por la empresa. La existencia de una discrepancia entre el valor del PER de una empresa y la media sectorial (entendida esta como el valor normal del sector) indicaría que las percepciones de los inversores respecto a la capacidad de la empresa para generar resultados futuros difieren respecto a la empresa típica del sector.

Un valor elevado de este ratio indica que:

1. La empresa tiene unas expectativas de crecimiento en el futuro elevadas.
2. Que el nivel de riesgo asumido por los inversores es bajo.
3. Que la empresa reparte una elevada proporción de sus beneficios como dividendos.

En el cálculo e interpretación del PER hay que tener en cuenta la subjetividad de la cifra de resultado del ejercicio (recordar las explicaciones que habíamos hecho sobre manipulación de resultados) y la posible existencia de elementos del resultado que tienen un carácter extraordinario cuya inclusión puede afectar al valor del PER.

6.8.6. Q de los fondos propios.

La q de los fondos propios relaciona el valor de mercado de los fondos propios con el valor contable de las aportaciones hechas por los socios a la empresa.

$$\frac{\text{Valor de mercado de los FP}}{\text{Valor contable de los FP}}$$

Este indicador mide tanto la creación o destrucción de valor para los accionistas como la existencia de oportunidades de inversión rentables para la empresa. Se entiende que la empresa crea valor para sus accionistas cuando el valor de mercado de la participación de los accionistas supera su valor contable, que es la aportación que históricamente han realizado los accionistas a la empresa. En caso contrario la empresa habrá destruido parte del valor de esta aportación. De este modo valores de la Q de los fondos propios superiores a la unidad son indicativos de creación de valor y valores inferiores a la unidad serán indicativos de la destrucción de valor. El origen de esta creación o destrucción de valor se encuentra en la cartera de proyectos de inversión de la empresa. Por ello, valores de este ratio superiores a la unidad son indicativos de la existencia de una cartera de proyectos capaces de generar rentabilidades extraordinarias.

6.8.7. Q de Tobin.

La q de Tobin se define como la relación entre el valor de mercado de la empresa y el coste de reposición de sus activos.

$$\frac{\text{Valor de mercado de la empresa}}{\text{Coste de reposición del activo total}}$$

Al igual que la q de los FP es un indicador de la creación o destrucción de valor, pero solventa ciertas carencias de este ratio, fundamentalmente relativas a la valoración de la inversión hecha por los accionistas (valor histórico de los fondos propios). Se interpreta que valores superiores a la unidad son indicativos de creación de valor y los inferiores a la unidad son indicativos de la destrucción de valor.